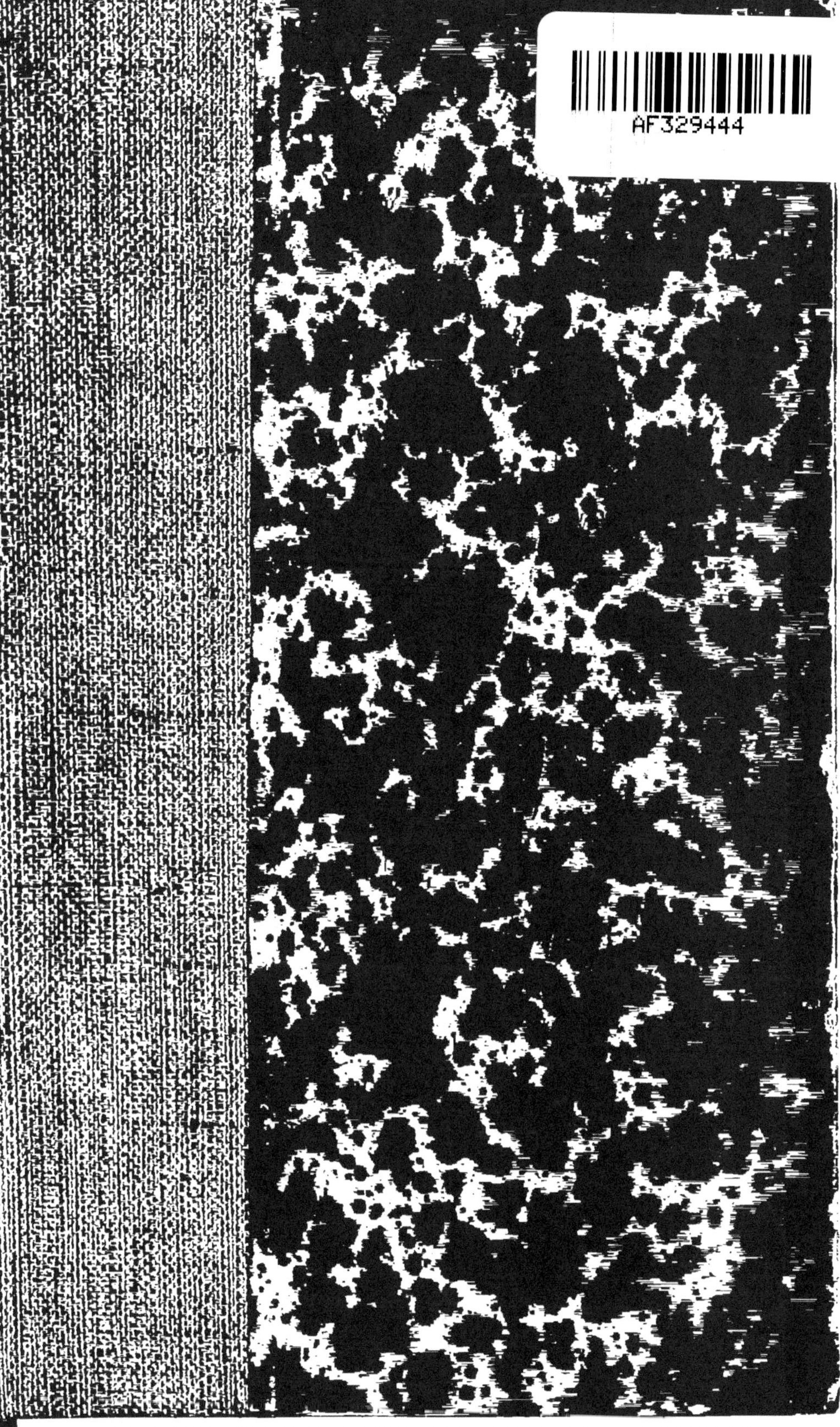

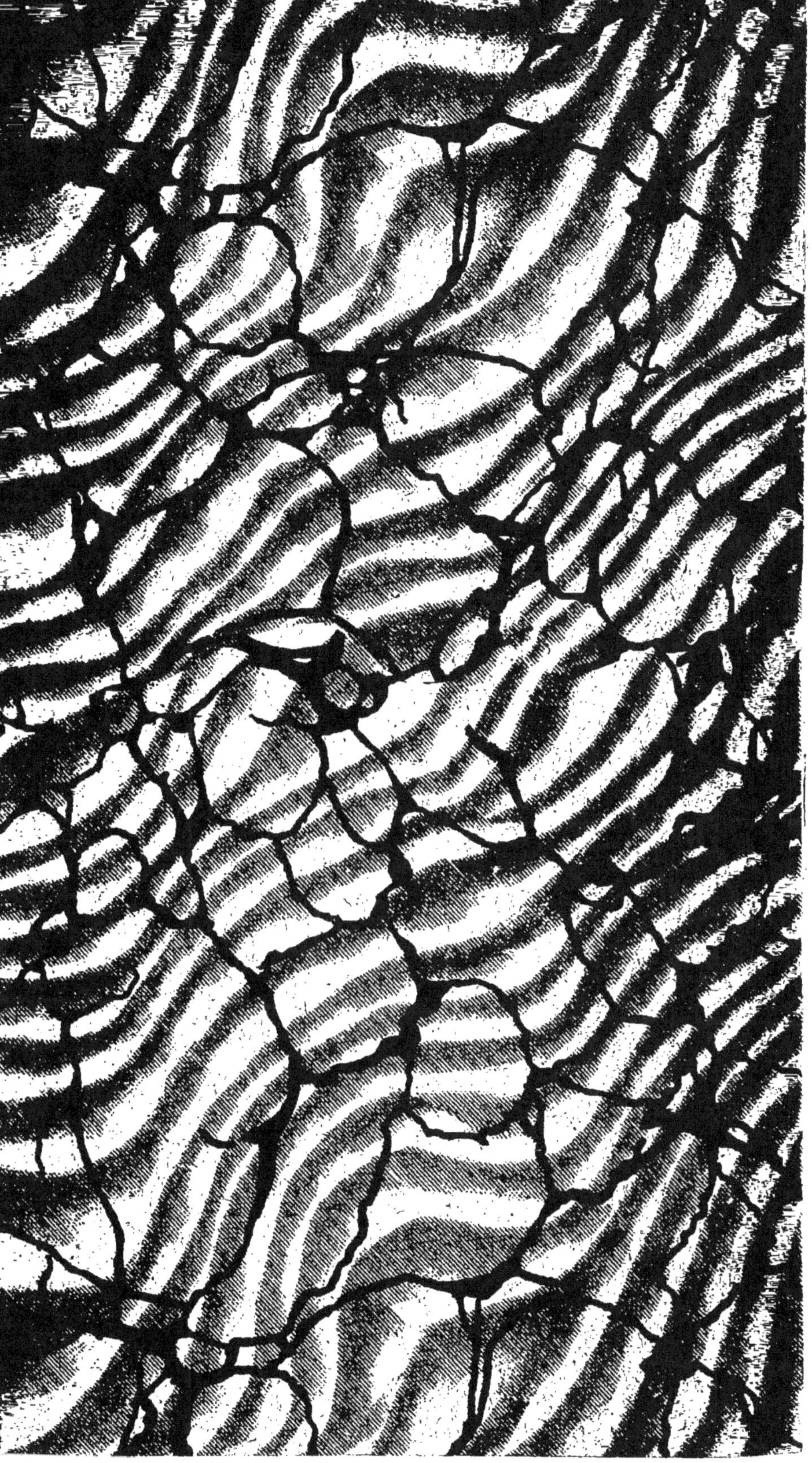

RENÉ MILAN

Les Vagabonds de la Gloire

CAMPAGNE D'UN CROISEUR

(AOÛT 1914-MAI 1915)

LIBRAIRIE PLON

Il a été tiré de cet ouvrage 15 exemplaires sur papier de Hollande, numérotés 1 à 15

LES VAGABONDS DE LA GLOIRE

DU MÊME AUTEUR

Les Nostalgiques. Nouvelles exotiques. 2ᵉ édition. Un
volume in-16. . . . . 3 fr. 50

La Mère et la Maîtresse. 2ᵉ édition. Un volume in-16.
Prix. . . . . 3 fr. 50

La Race immortelle. 3ᵉ édition. Un vol. in-16. . 3 fr. 50

PARIS. TYP. PLON-NOURRIT ET Cⁱᵉ, 8, RUE GARANCIÈRE. — 21557.

RENÉ MILAN

LES VAGABONDS

DE

LA GLOIRE

CAMPAGNE D'UN CROISEUR

(AOÛT 1914-MAI 1915)

PARIS

LIBRAIRIE PLON

PLON-NOURRIT ET Cie, IMPRIMEURS-ÉDITEURS

8, RUE GARANCIÈRE — 6^e

1916

Tous droits réservés

PRÉFACE

Certains jours, lorsque la fatigue me détournait d'écrire des lettres personnelles, je détachais simplement quelques feuilles de mon journal de campagne et les mettais sous enveloppe à l'adresse de mes amis. Ces amis me persuadèrent que le public de France ne se refuserait pas à suivre les labeurs, les espoirs des marins, trop peu connus.

Je n'ai pas eu les loisirs de mettre de l'ordre dans ces notes, écrites au jour le jour et selon l'humeur. Je me suis contenté d'en effacer les digressions purement professionnelles, inintelligibles aux profanes. J'en ai retranché toute appréciation d'ordre militaire, et ces jugements que l'on a la vanité de porter, en son for intérieur, sur la conduite des grandes choses. Enfin, j'ai dû supprimer toute référence aux opérations terrestres. Encore que mon journal en soit rempli, grâce aux informations exceptionnelles dont jouissent les marins, par suite de l'intérêt passionné des navires pour les gestes des soldats, j'ai pensé que d'autres en parleraient mieux.

Tel quel, ce récit heurté représente quelques scènes de la tragédie maritime. L'on y verra souvent reparaître le nom du croiseur où j'ai vécu. Mais, selon les dates et les lieux, n'importe quel autre marin eût pu ressentir, sur son bâtiment, les émotions évoquées ici. Le lecteur ne doit trouver en ce livre que le miroir d'innombrables existences, celles des hommes qui, depuis le mois d'août 1914, parcourent les mers.

R. M.

Mer Égée. Décembre 1915.

LES VAGABONDS DE LA GLOIRE

LE RÉVEIL DU CROISEUR

De Paris à Toulon, fin juillet 1914.

Du couloir, je contemple à travers les glaces
la fuite de Paris. En ce rapide, le dernier qui
se conforme à l'horaire normal, nombreux
sont les officiers de marine en route pour
Toulon. Quelques-uns interrompent leurs vacances brèves ; presque tous rentrent de congés
d'études. L'appel de la patrie nous envoie vers
la mer, champ de bataille que nous avons
choisi. A la marine française appartient la
gloire méditerranéenne et notre flotte est au
degré de préparation suprême. Nous n'ignorons pas que le duel décisif se jouera sur les

sillons de Flandre ou les contreforts des Vosges, mais notre tâche ne sera pas vaine. Nous n'éprouvons qu'une crainte : arriver trop tard et manquer cette bataille à quoi nos imaginations avaient rêvé sans y croire.

Dijon, Lyon, Valence, Marseille. Je viens d'abandonner un Paris frémissant, où l'extrême douceur de vivre donne aux hommes la volonté de défendre tant de bonheur ; je parcours la France, dont le terroir sourit. Combien de fois, la sillonnant d'un port à l'autre, entre une croisière chinoise et une croisière atlantique, n'ai-je pas compris les convoitises dirigées vers elle? Comment nos voisins ne lanceraient-ils pas sur ce délicieux royaume des regards de bêtes de proie? Ils viennent d'allonger leurs griffes et de lancer un cri de guerre. La France s'est dressée. Partout, des escouades de factionnaires protègent les routes, les croisements, les stations, tous les centres nerveux de la mobilisation. Dans les yeux des Français, un regard splendide s'est posé depuis quelques jours; un visage nouveau, que notre race a sorti comme pour une fête, rend un air de famille à tous ses héritiers. La nourricière de tels enfants n'est point cette moribonde que les Germains pensent achever. Elle vient de

retrouver la conscience qu'il faut, et les léga-
taires de sa prodigieuse histoire y puisent des
attitudes si naturelles qu'ils ne s'en étonnent
pas. Ils laissent au monde cette surprise.

Dijon, Lyon, Valence, Marseille. Naguère,
je me divertissais aux types, aux accents variés
des provinces. Aujourd'hui, chacune parle le
même langage, offre le même masque et a
placé dans sa poitrine le même cœur. Je suis
sûr que dans l'Ouest, aux pays que je ne parcours point, Gascons, Normands et Picards
ont inventé ces mêmes allures. Il n'y a plus
qu'un rêve parmi ces troupes assemblées aux
quais des gares, en ces chaumières endormies
sur les campagnes obscures, dans ces villes
que côtoie le rapide étincelant, et ce rêve, je
le connais, car c'est le mien : « Quel poste la
France va-t-elle me donner pour le bon combat? Où qu'il soit, que je tombe ou que je
demeure, ce sera bien. »

Toulon, 1ᵉʳ août.

Hélas ! quelques heures se sont écoulées, et
je ne trouve pas que tout soit bien. Les navires
de l'armée navale ont déjà leurs cadres com-

plets et attendent d'heure en heure l'ordre de prendre le large.

On me désigne pour embarquer sur le *Waldeck-Rousseau*. En d'autres temps, j'eusse été fier de m'incorporer à ce bâtiment splendide, mais il n'est point prêt à partir. Par une fortune de mer, il s'éventra voici quelques mois sur les hauts-fonds du golfe Juan. La guérison des grands navires est longue et, dans un bassin de radoub, les ingénieurs soignent encore ses blessures béantes. A mes questions anxieuses, l'on répond :

— Les ouvriers y travaillent jour et nuit. Dans six semaines, il reprendra la mer.

Six semaines ! L'autre nuit, dans le rapide, je me voyais déjà sur mer, en route pour la randonnée, et voici qu'il me faut être satisfait d'un croiseur qui ne bougera pas de six semaines !

2 août.

Nous vivions dans une atmosphère échauffée par le soleil de Provence. Arrivant de Paris, j'étais interrogé. Des cercles se formaient, des inconnus me consultaient. J'avais beau conter les spectacles du Nord, évoquer mon parcours en chemin de fer, ces auditeurs ne me croyaient qu'à demi. Le climat de Provence dissout les émotions, et mes interlocuteurs hochaient la téte. L'un regrettait ses vacances compromises; l'autre doutait de mon témoignage; certains invoquaient la prudence des pouvoirs et concluaient : « Tout finira par un congrès d'Algésiras. »

Loin de la poignante énergie parisienne, je me sentais gagné par les amollissements de Provence. Tout ce drame de la semaine prenait une allure de cauchemar. Je m'irritais que la grande convulsion, commandée par les destins, semblât de nouveau retardée par les hommes. Je reprochais à mes raisonneurs d'en prendre leur parti. Devant eux, le rideau de l'épopée s'entr'ouvrait déjà, et ils n'appelaient pas à grands cris le commencement du spectacle, et leurs âmes médiocres reprenaient le fil des préoccupations journalières !

Vers deux heures je franchis la porte de l'arsenal, afin de rendre au *Waldeck-Rousseau* ma visite d'embarquement. Le ciel laisse choir une avalanche de chaleur pulvérisée. Dans une telle étuve, nul ne peut penser fortement. Écroulés à l'ombre des murs, les ouvriers de l'arsenal épongent leur face, leur poitrine, et s'abreuvent à des gargoulettes levées à bout de bras. Quelques officiers, mouchoir aux doigts, cheminent en suivant les rangées de platanes.

Le commandant du *Waldeck-Rousseau* me reçoit :

— Vous avez de la chance, me dit-il. Tous les officiers qui arrivent au port demandent le *Waldeck-Rousseau*.

Il devine la question que je n'ose émettre.

— Les ingénieurs comptent sur six semaines... Espérons que rien de décisif n'aura eu lieu sur mer... si tant est que les événements se précipitent...

Méditant ces paroles, je regagne la porte de l'arsenal. Il n'est pas loin de cinq heures : de merveilleux flamboiements s'épanouissent; le Faron, miroir de pierre, renvoie des violets éblouissants; c'est l'extrême pointe de la chaleur, après quoi vont survenir quelques brises fraîches. Devant le portail Missiessy, des mères, des épouses, assises sur le trottoir, attendent les matelots qui sortent de l'arsenal en soulevant des flocons de poussière; un marchand de coco nasille sa marchandise; plusieurs camelots offrent pour dix centimes cent succès de café-concert, et les tramways, caparaçonnés de poudre, ébranlent au passage des bouffées torrides. Il fait si chaud, il y a tant de torpeur sur le boulevard que je ne pense à rien et n'ai plus qu'une hâte : échanger mon uniforme hermétique contre un vêtement plus commode, et boire à une terrasse quelque boisson glacée.

Soudain, étouffé par la distance et l'oppression de l'atmosphère, un coup de canon sourd parvient au bord de mon rêve. J'ai peur d'avoir mal entendu. Immobile, tout mon être concentré dans les oreilles, j'attends. Le boulevard s'est figé. D'un frein brutal, les tramways ont patiné sur place, et leurs panneaux se hérissent de visages anxieux; les femmes accroupies au trottoir se sont dressées et tues; camelots et passants oublient de vivre; chacun, dans la posture où l'a surpris le coup incertain, écoute le silence tragique. Tous les bruits de la ville, les plus profonds, les plus ténus, se sont envolés vers l'infini, pour laisser le passage au seul bruit qui compte. Dans une atmosphère religieuse bondit et roule le second coup de canon, sonore, maître de l'espace... Le troisième enfin s'épanouit, troisième voix de France qui se met en garde.

En même temps, sur la chaussée déserte,

des clairons sortent de la caserne. Écoutez ces notes chantantes, majestueuses, qui font venir des larmes aux paupières les plus sèches : c'est l'appel de la France. Rangée sous les grands arbres, toute une cité pâle salue deux petits soldats qui gonflent leurs joues sur le clairon luisant. Ils sont bien émus, les deux petits soldats en bourgeron de fatigue ; leur marche est hésitante et leur souffle brisé. Mais leurs yeux étincellent, chaque mesure raffermit leur pas, ils retrouvent la cadence, et sans reprendre haleine avant la nuit, sonnent la générale jusqu'aux faubourgs, jusqu'aux pentes du Faron, jusqu'aux sentiers de la campagne. Ils sont les hérauts de la patrie.

Sur tout le territoire, en cet instant, le même clairon s'époumonne. Il m'a surpris dans une province chaude et odorante, mais des millions de moissonneurs, faulx suspendues, recueillent ses notes jetées sur l'océan des épis ; les montagnes, les vallons répercutent son écho vers les huttes des bouviers et des pasteurs, et l'eau silencieuse des fleuves frémit de recevoir sa mélopée. Pour la première fois dans la suite des siècles, la race de France écoute à la même seconde une voix qui lui ordonne de faire face au même point. Soulevés d'espoir, les cœurs célèbrent la première communion de l'héroïsme.

Le hasard me contraint d'attendre six semaines avant de jouer un rôle. Mon outil de combat n'est pas prêt. Spectateur, j'admire les gestes où je n'ai point de part.

La foule s'engouffre dans les rues qui conduisent au port, cœur de Toulon. Je ne connais pas ces figures qui glissent près de la mienne, mais je les reconnais toutes. Marins de Bretagne aux yeux bleus, à la démarche balancée, qui tiennent au bras une épouse en coiffe blanche, marins de Provence bruns et diserts, Basques trapus ou Flamands blonds, tous ces hommes que j'ai commandés, maniés, aimés, se hâtent au pas de course. Une extase naïve enchante leurs prunelles diverses ; ils bondissent vers la mer et la bataille, leur amante durable et leur fiancée inconnue. Déjà, les escadres sont sous pression ; un peuple de cheminées vomit les panaches précurseurs des courses magnifiques ; elles appareilleront cette nuit, demain peut-être aura lieu la grande aventure. Du flanc des cuirassés et des croiseurs immobiles sur rade, se détache une théorie de canots, de chaloupes qui vont chercher au quai leur chargement de braves.

.*
* *

Aux approches de l'embarcadère, il devient impossible d'avancer. C'est un piétinement silencieux ; seules, les vareuses ou les redingotes d'uniforme peuvent se faufiler jusqu'aux canots. Je me glisse. Une Bretonne plantée sur les dalles pleure doucement dans le coin de son tablier ; ses quatre petits enfants, invisibles dans la colonnade des jambes, se pressent autour de son jupon, les poings crispés à l'étoffe, et regardent de leurs grands yeux limpides, le cou en l'air, cette marée sans reflux. Chaque pas rencontre une scène semblable : des femmes serrent une dernière fois l'homme chéri : fils, amant ou époux ; leurs bras frêles ne peuvent se desserrer et leurs lèvres balbutient les choses indicibles. Pourtant, mes oreilles attentives n'ont pas entendu dans ce chœur de désespoir une seule parole de révolte. Ces femmes comprenaient toutes. Elles hochaient la tête approbativement aux discours de ceux qui partaient. Leur dernier baiser contenait même un sourire, un sourire divin, celui que le combattant devait emporter sur la mer, et revoir à la seconde de la mort.

Mais quand le marin s'est évanoui vers les canots, le sourire lentement se décomposait; des lèvres mordues, des rides déformaient ces visages, et les larmes, plus sublimes d'avoir été retenues, glissaient entre les paupières qui pour tant de mois ne s'arrêteront plus de pleurer.

Cela se passait au grand air, comme il sied aux tragédies navales. Une incomparable splendeur ennoblissait le crépuscule, et le soir pourpre vibrait à l'unisson de la ville. Parvenu jusqu'au rebord du quai, entre les canots et la foule, je pouvais voir tous les visages, ceux qui devaient rester et ceux qui allaient partir. Aussi longtemps que les matelots se frayaient passage entre l'étreinte d'adieu et les embarcations, ils étaient pâles sous le bistre et retenaient bien fort un sanglot. Mais à peine avaient-ils sauté sur les bancs de la chaloupe, à peine leurs camarades les avaient-ils accueillis par de grands coups de poing aux épaules et aux hanches, les couleurs revenaient, les bouches lançaient des plaisanteries sonores, et ils ne pensaient plus qu'à la mer et à l'aventure.

A mes pieds, des centaines de matelots rient et chantent, et s'enivrent de la joie de leur attente pour ne pas déceler les affres de leur tendresse. Sur le quai, surplombant cette allégresse, une multitude morne, dont les premières faces sourient dans la vague, dont les profondeurs suffoquent silencieusement. Et là-bas, dans la rade patinée d'or, les navires gris étincellent au soleil déclinant : tous les regards se posent sur eux ; ce sont les génies du moment. Investis d'une parcelle de l'honneur de la France, ils attendent les ordres. Devant leur étrave, la patrie vient d'ouvrir les portes de la gloire ; leurs canons et leurs marins sont faits d'un même acier.

3 août.

Avec quelques amis, du haut du cap Capet, je suis allé voir au matin la sortie de l'armée navale.

Un conseil de guerre nocturne avait réuni les amiraux sur le *Courbet*, cuirassé du commandant en chef. Quelques heures plus tard, dans le silence infini du matin bleuâtre, les escadres se sont ébranlées. L'une après l'autre, elles ont pris la passe et se sont formées sous nos yeux ; nous entendions les bruits fins des commandements. Les navires allaient sans remous sur l'eau pesante; trapus, sveltes ou effilés, cuirassés, croiseurs ou torpilleurs, glissaient en des quadrilles bien ordonnés. Tranquillement, ils prenaient leurs distances et leurs intervalles, et montraient la nudité antique des gladiateurs prêts au combat. Pendant ces derniers jours, ils avaient remis aux magasins de terre le superflu des temps pacifiques; d'agrès et d'embarcations, ils ne gardent que le nécessaire, et la peinture de leurs aciers a disparu sous le grattoir.

Leur seul ornement, ce sont les volutes qui s'élèvent dans l'air immobile et se confondent, très haut, en un immense nuage sculpté par le zéphyr; leur seul fard, ce sont les éclats de lumière sur les hublots et les cuivres; leur seule parure, ce sont les canons bien dégagés, dont les bouches se pointent vers le large. Ils sont beaux et tout-puissants. Modelés pour la bataille et la course, ils poussent leur étrave sur l'onde coutumière, afin de transporter sur les côtes ennemies la frontière de la France. A l'heure où les humains dorment encore, ils vont prendre possession de leur champ de bataille.

Leur tâche est lourde, multiple, et destinée

sans doute à demeurer obscure. Sur la mer, les chemins sont innombrables, et la légende maritime se souvient de mainte croisière patiente, rarement récompensée par la bataille.

Des convois doivent porter en France nos troupes de l'Afrique du Nord; à l'armée navale appartient le devoir de protéger ces existences; nul ne peut dire si cette besogne lui réserve infortune ou succès. Qu'un seul transport manque à l'appel, et les sarcasmes s'abattront sur la flotte de guerre; que dans quinze jours tirailleurs et spahis montrent leur fougue sur les vallons des Vosges, et personne ne rendra grâce aux protecteurs de leur dangereux voyage. Qu'importe! La France a distribué leur tâche à chacun de ses enfants. Aux guerriers des frontières échoit l'honneur retentissant d'écraser les Germains; aux navires, la garde silencieuse des flots.

Peut-être, cependant, la gloire de la poudre ne leur sera-t-elle pas refusée. Au fond de l'Adriatique, l'Autriche entretient une flotte qui tentera sans doute d'arracher à la nôtre l'empire méditerranéen. Pour dégager ses rives elle nous offrira le tournoi naval. La flotte de la France ne se montrera pas indigne de son armée, et ses gestes, moins décisifs que ceux d'Alsace ou de Flandre, prouveront que le pavillon qui claque à la poupe de ses navires n'est pas décoloré.

Au revoir.

Veille du départ, 5 septembre.

L'équipage et l'état-major du *Waldeck-Rousseau* s'évertuent pour arracher un jour, une heure aux délais de son départ : nous avons déjà gagné deux semaines.

Étendu sur son grabat de granit, le croiseur ressemblait à quelque géant de métal harnaché d'appareils. Le crépitement des marteaux, les cohortes de travailleurs aux mains expertes animaient la coque immense. Chaque jour, le Dépôt nous adressait des marins réservistes, pourvus aussitôt des postes et fonctions où ils doivent travailler et combattre. Maintenant, nos mille hommes sont au complet et les ingénieurs nous ont rendu le navire.

Luisant et neuf, il flotte. Tel un coureur de race qui bat ses records après une maladie, le bon croiseur a gagné sur sa vitesse quelques dixièmes de mille. Librement, la vapeur court dans ses artères, l'électricité dans ses nerfs.

De l'étrave à la poupe, cent cinquante mètres d'acier frémissent. Auprès des îles d'Hyères, par une belle journée d'août, la voix des canons éteinte depuis tant de mois a retenti pour nos tirs d'accord. Malheur à qui passera bientôt à douze kilomètres de nos pièces !

D'heure en heure, les officiers et les hommes maîtrisent l'usine flottante et se reconnaissent mieux en ses dédales. Leur main plus sûre s'adapte aux humeurs particulières du navire, à ses caprices que l'on doit dompter avec prudence, avec amour.

Notre équipage, multitude amorphe survenue des quatre coins de la France, avait perdu le sens de la discipline et des responsabilités dévolues au plus humble des matelots. Il a fallu dresser, canaliser ces forces discordantes et leur donner physionomie d'un être vivant animé d'une volonté. Dans sa cellule, chacun applique son intelligence et ses doigts à sa besogne spéciale, se contraint à faire corps avec l'appareil. Le temps presse. En quelques jours, nous avons galvanisé le grand croiseur engourdi. Nous partons dans quelques heures, et ne ferons point en armée navale figure d'éclopés ou de parents pauvres.

Dieu merci, les actions décisives se font

attendre. Nous redoutions le télégramme annonciateur du choc des flottes : il n'est point encore venu. Ouvrant le chapitre des affaires méditerranéennes, le *Breslau* et le *Gœben*, croiseurs allemands, ont molesté des ports algériens et se sont enfuis vers les Dardanelles où un miracle les a fait devenir turcs. Voilà du gibier pour plus tard. Au milieu d'août, l'armée navale de France a coulé la *Zenta*, petit croiseur autrichien, mais c'est menu travail. Nous arriverons à temps.

Certains soirs, nous allons nous reposer à terre. Amie de ceux qui la hantent, la mer est exécrée des femmes qui demeurent aux rivages ; ses deuils sont cauteleux et brutaux. La guerre décuple ces inquiétudes. Nos camarades partis au début d'août ont souffert d'un arrachement plein d'âcreté, mais rapide ; restés trop longtemps, nous épuisons la gamme des anxiétés sentimentales. Pour les hommes de mon croiseur qui retrouvent à terre des tendresses féminines, chaque instant réserve une torture ignorée. Entre un sanglot et une caresse passe le fantôme des hécatombes navales. Sous ses paupières baissées, le marin en aperçoit l'apothéose, mais les bras qui se serrent autour de sa poitrine ont une étreinte désespérée. Un coucher de soleil, une promenade parmi les haies poudreuses et les herbes parfumées, toutes choses suggèrent des frémissements inconnus. Les yeux et les oreilles acquièrent des perceptions mystérieuses ; on voudrait retenir, comme un viatique, la voix de l'être proche et ses inflexions les plus puériles. Nous pouvons quitter la France, nos âmes ont épuisé le trésor du cœur.

A ce vertige, la tristesse des nouvelles du front ajoute une acuité poignante. Lorsque au matin les officiers étudient la carte des opérations, tenue à jour selon les termes du communiqué, de grands silences planent sur le carré du *Waldeck-Rousseau*. Nous ne pouvons croire à ce balaiement de la Belgique, à cette marée sur des provinces françaises. Nous voulons nous en aller, faire n'importe quoi, travailler ou mourir. Sous nos pieds trépide le croiseur, devenu notre chose, notre ami, notre maître, et chaque heure de retard nous irrite. Le chemin de la victoire est indifférent. Pénible et douloureux, tous les Français l'acceptent, et les marins qui vont partir ne nourrissent pas d'autre pensée. L'autre jour, tandis qu'une équipe de canonniers embarquait des obus chargés en mélinite, je surpris cette

exclamation d'un homme dont les bras nerveux balançaient un projectile jaune :

— Ma Doué! pourquoi ne prend-on point
des obus bourrés de sciure de bois? Il n'en
faudrait pas plus pour *les* envoyer par le
fond!

J'en doute, cette guerre ne se gagnera point
de manière aussi enfantine. Mais il est doux
à l'officier de conduire ces enfants-là.

LES RANDONNÉES ADRIATIQUES

Mer Adriatique, *25 septembre.*

Ils ne sortiront donc point, ces navires réfugiés dans Pola et Cattaro ! Nous ne voyons d'autrichien que les noms inscrits sur la carte et des rives silencieuses. Et pourtant nous naviguons sans cesse devant leurs côtes, nous bravons leurs sous-marins, leurs mines, leurs torpilleurs. Tels les chevaliers des croisades appelant leur adversaire, nous allons nous offrir à leurs coups. Ils ne sortent point.

Semblables à de puissants corps d'armée qui attendent les engagements d'éclaireurs, les escadres cuirassées parcourent le barrage d'Otrante. Ce sont les lions de notre ménagerie navale. Griffes rentrées et gueules closes, ils tendent l'oreille aux appels des croiseurs... Par escadrilles, les contre-torpilleurs circulent autour d'eux, balaient la route où vont passer les bêtes de bataille, et prennent garde qu'aucun sous-marin ne rôde sur le sentier.

Plus au nord, seuls, à l'orée de l'Adriatique, les grands croiseurs aux poumons puissants tiennent la jungle. Les croiseurs ne connaissent pas le repos; ils poursuivent aux avant-postes leur garde sourcilleuse, flairent les ondes et percent l'atmosphère. Sur leurs regards également accoutumés au soleil et à l'ombre, repose la sécurité des cuirassés massifs. A eux revient la joie de déceler l'ennemi sur l'horizon, de courir, de recevoir les premiers coups et de tirer les premiers obus, de calculer des retraites pour conduire l'adversaire sous le canon des cuirassés invincibles. A eux revient aussi le danger des sous-marins, des destroyers.

Nous sommes trois frères aux structures semblables : l'*Ernest-Renan*, l'*Edgar-Quinet* sont beaux et majestueux comme le *Waldeck-Rousseau*. Leurs six cheminées vomissent les mêmes volutes. Attachés aux mêmes œuvres, tous trois connaissent des fatigues parallèles. Plus anciens et moins robustes, le *Gambetta*, le *Ferry*, le *Hugo* et le *Michelet* accomplissent des tâches identiques : on reconnaît leur famille à leurs quatre cheminées.

D'Otrante à Fano, et tout autour de cette ligne irréelle, les sept croiseurs barrent l'Adriatique au fond de quoi se terrent les Autrichiens. Du haut de la passerelle, les regards couvrent dix milles d'étendue, et c'est pourquoi nous naviguons à vingt milles de distance sur des chemins de ronde brefs, toujours semblables. Les croiseurs ne se voient point, mais ils savent que derrière l'horizon, le frère est présent et veille. Par moments, lorsque le rythme indéfini des battues les conduit au terme de leur parcours, ils aperçoivent mutuellement la pointe de leurs mâts glissant sur l'horizon comme les baïonnettes d'une sentinelle double. Mais chacun vire de bord, parcourt en sens inverse les trajets ordonnés ; les mâtures s'enfoncent, les fumées s'évaporent et plus rien ne demeure que la veille solitaire sur la mer déserte.

Depuis notre départ de Toulon, le *Waldeck-Rousseau* n'a pas cessé de cheminer. Les clameurs du monde viennent se perdre dans le vide des flots ; nous avons commencé le pèlerinage que tant de générations de marins ont connu jadis. D'aventure, nous arrêtons au passage quelque maigre gibier : paquebot, trois-mâts ou vapeur qui subissent notre interrogatoire ; ils apportent un écho dilué des propos des hommes, Italiens, Grecs ou Espagnols, et leur carène est chargée de je ne sais quel arome continental. Nous donnons le passage à ces chemineaux craintifs : leur examen constitue jeu de princes, mais la grande affaire est là-haut, à Pola ou à Cattaro, et chaque semaine, après le plein de charbon que l'on fait au large, nous allons tendre les poings à l'ennemi, lui donner honte dans son refuge, et le sommer d'en découdre. Plusieurs fois déjà, vers Lissa, vers les îles dalmates, plus haut encore, nous sommes remontés pendant la nuit, nous avons circulé pendant le jour. Loin derrière nous, les cuirassés suivaient, attentifs au signal « L'ennemi en vue! » Mais nos canons en vain sont braqués, nos yeux affrontent inutilement les morsures du soleil et de l'ombre, rien ne paraît dans notre sphère que des rives inertes, des îles endormies, et jamais une proie.

Cette déception n'amoindrit pas notre vigilance. Au temps des navigations pacifiques, un seul lieutenant de vaisseau secondé par un enseigne (1), suffisait aux nombreux devoirs de la conduite du navire. Qu'il s'agît d'observer les astres, d'éviter les rencontres de mer, de coordonner les mouvements de plusieurs centaines de matelots, sa pensée en alerte pendant quatre heures y pourvoyait aisément.

Ce temps n'est plus. Sans multiplier l'état-major, la guerre a dédoublé le croiseur, qui continue d'une part à être un organisme de navigation, et devient de l'autre un outil de combat. La dualité de ces fonctions exige en tous instants deux chefs : le premier continue à diriger le quart, le deuxième assure la veille, la défense, le combat. Nous ne sommes que six lieutenants de vaisseau à bord du *Waldeck;* nous formons donc trois équipes de deux, qui se relaient indéfiniment sur la passerelle, de jour, de nuit, par tous les temps. L'un s'occupe des routes, des feux et des terres, de l'équipage; l'autre ouvre ses yeux sur la mer et se tient prêt à chaque seconde à déclancher les canons. Mon rang d'ancienneté m'attribue ce deuxième rôle.

Pour toute la durée de la guerre, courte ou

(1) Correspondance des grades avec l'armée de terre : lieutenant de vaisseau, capitaine ; enseigne de vaisseau, lieutenant.

longue, mon équipier et moi sommes destinés aux mêmes péripéties. Il doit avoir confiance en mes yeux, et je dois me fier à sa manœuvre. Ces choses ne se disent point ; elles sont sous-entendues dans notre poignée de main, au moment où, prenant le quart, nous assumons pour quatre heures la charge précieuse du navire.

Il est Flamand, je suis Latin. Cette discordance s'étend aux pensées et donne du piquant à nos réunions biquotidiennes. Sur la passerelle, accoudés à la rembarde, lui à bâbord et moi à tribord, nous dirigeons sur la mer des regards également vigilants. Mais dans le secret de nos esprits, se meuvent des réflexions qui n'ont rien de professionnel. C'est un privilège des hommes d'action : ils peuvent se donner tout entiers à leur besogne et ne pas cesser de rêver à mille choses. Mon camarade et moi discourons à voix basse. La guerre, l'Allemagne, l'avenir, tout passe dans ces dialogues murmurés. A garder le silence, nous n'y tiendrions pas. Notre immobilité de statues nous enfoncerait dans une torpeur dangereuse. Pendant que nos yeux scrutent l'espace, nous discutons passionnément le grand drame, et ne sommes jamais d'accord. Mais si dans la nuit cauteleuse surgissent une ombre, une forme suspecte, nous communions soudain. Chacun retrouve instantanément les rites nécessaires : l'un donne les ordres au gouvernail et aux machines, l'autre commande aux projecteurs, aux canonniers. Les deux officiers se donnent dans les ténèbres une aide totale et réfléchie.

Et puis, quelques minutes plus tard, l'alerte est finie. Les canonniers reprennent leur poste d'attente, les projecteurs s'éteignent, les deux officiers, l'un à bâbord, l'autre à tribord, continuent leur veille et leurs chuchotements.

Mer Adriatique, 27 septembre.

Trois croiseurs anglais, le *Cressy*, le *Hogue* et l'*Aboukir*, viennent de trouver en mer du Nord la sépulture des navires de combat. Tout entiers, portant au flanc la blessure des torpilles, ils sont descendus vers le suaire des algues où les attendait le squelette des vaisseaux coulés aux guerres anciennes. Patiente embaumeuse, l'onde revêtira leurs carènes d'un linceul de rouille et de calcaire, et, par les jours très lumineux, lorsque le

soleil brillera sur les flots calmes, ils verront passer au-dessus d'eux l'ombre des bateaux vivants; ils seront caressés par le sillage
des hélices, et leur coque pétrifiée frémira
d'aise.

Pendant les heures lentes de la veille, j'ai
médité les radiogrammes où l'on mandait la
mort du *Cressy*, du *Hogue* et de l'*Aboukir*. La
même tragédie arrêtera peut-être les phrases
que je commence. Je la devine, je la crée;
j'ai navigué en mer du Nord, j'ai vécu deux
années dans un sous-marin, et je fais la guerre
sur un croiseur.

Je vois ces trois navires, sombres et silencieux comme nous, suivre les parcours ordonnés par leur amiral. Au nord, au sud, d'autres
patrouilles croisent sur des routes étudiées.
Pendant que dorment les soldats de France
et les enfants d'Angleterre, les marins veillent
dans la brume afin que nul ne force les bar-
rières de la patrie. Mais la mer est infinie, les
croiseurs sont rares et ne peuvent pas se
donner la main. A cette insuffisance, le marin
supplée par son zèle et sa fatigue; il prend
moins de sommeil, il ouvre des yeux plus
grands, il a froid et ne touche jamais la terre.
Là-haut comme en Adriatique, il monte sa

garde inconnue, appelant de tout son cœur une aventure.

Le *Cressy*, le *Hogue* et l'*Aboukir* allaient de la sorte. Depuis combien de jours, je l'ignore ; je sais néanmoins la vigilance, le labeur et l'abnégation de leurs équipages. Plus que tous autres, ils apportaient leur âme au service de la victoire, eux dont les navires se paraient des grands noms de victoires anglaises. Ces trois noms magnifiques ne présageaient-ils point une nouvelle moisson de lauriers? Ne symbolisaient-ils pas les retours des politiques humaines, qui mettent au service de la France les filleuls des défaites françaises? Oui certes, officiers et matelots, dans le clair instinct des ouvriers qui participent aux grandes choses, eussent donné leur sang pour offrir à la France, par une victoire, l'excuse des trois désastres que l'Angleterre lui avait infligés.

Cette nuit s'acheva comme les autres. Il y eut, à l'horizon, des traînées de lueurs grises ; la mer houleuse émergea du chaos de l'aurore, et les veilleurs, tête lourde et paupières clignotantes, scrutèrent pour la millième fois ce trouble réveil des mers du Nord. Ils ne virent rien. Peut-être l'un d'eux discerna-t-il une raie d'écume, plus blanche et plus nette, et porta-t-il vivement sa jumelle à ses sourcils. Mais la raie d'écume avait été déjà recouverte par d'autres embruns, et, cette fois encore, il laissa retomber sa jumelle qui n'avait point découvert de périscope. Les trois croiseurs poursuivirent leur route, parmi ces sillons d'écume dont l'un était mortel, mais ils ne le savaient pas!

Alors, sur le premier, une rumeur se fit entendre. Les matelots du pont crurent à un accident de machine, ceux de la machine à quelque coup de canon... Chacun prêta l'oreille, et sous les pieds des braves, le bâtiment pencha, paresseusement d'abord, tandis que dans les fonds bouillonnait déjà l'onde impatiente. Ils comprirent tous, et surent qu'ils allaient mourir. Avant de s'enfoncer dans la nécropole des marins, ils cherchèrent encore l'ennemi qui les tuait sans leur donner la joie de la bataille et parcoururent, l'âme sereine, la mer aux clapotis d'écume. Leurs prunelles agrandies rencontrèrent leur camarade de ronde, et elles furent emplies d'épouvante, car l'*Aboukir* penchait aussi. La marche patiente des machines-vipères venait de le piquer à mort. Généreux dans leur agonie, les deux blessés hissèrent des signaux d'avertissement, afin que le troisième camarade évitât la route maudite, mais celui-là, généreux dans la pitié, accourut pour arracher au gouffre les vies précieuses des marins. Il reçut aussi la blessure mortelle, sans qu'un canon eût pu tirer, sans que les yeux, plus clairs en face de la mort, eussent deviné le sous-marin recouvert par les raies blanches.

Ainsi que le froid de la ciguë remonte au cœur, l'eau monta dans les trois navires. Les chaudières gorgées d'eau, les machines noyées s'arrêtèrent de vivre. Une à une, les cloisons étanches, bombées par la pression de l'onde, éclatèrent avec des bruits d'orage ; l'électricité s'éteignit partout, et les fonds devinrent un tombeau où se débattaient des humains bousculés par le torrent. Sur le pont, rangés, les équipages se regardaient descendre vers l'éternité, et un hymne religieux, appris jadis aux dimanches d'Angleterre, éleva le triple chœur des marins qui s'enfonçaient jusqu'au Dieu qu'ils allaient voir.

Adieu ! matelots des trois croiseurs, tombés de la manière que le sort destine peut-être aux croiseurs adriatiques. Vos angoisses, vos veilles, vos dernières pensées habitent le *Waldeck-Rousseau*. Votre fin a été noble. Nul cependant ne l'envie autour de moi, et nous supplions le dieu des batailles que, s'il nous donne la mort, nous la fassions payer bien cher.

Canal d'Otrante, 8 octobre.

Comment définir cette atmosphère adriatique? Les adjectifs les plus aériens en alourdiraient la merveille. Elle est plus que diaphane, elle est mieux que translucide, elle rêve. Il semble qu'elle ne soit là que pour supporter des couleurs pures.

Combien de fois cet air immatériel n'a-t-il pas dupé l'officier de quart! A combien de milles va passer tel vapeur? Dans combien d'heures côtoierons-nous l'îlot qui monte parmi les nues?

Naguère, nous résolvions ces problèmes sans y penser, car notre œil avait appris l'épaisseur de l'air, ses jeux et ses malices. L'atmosphère adriatique a rabaissé cet orgueil. Cieux ou voilure, phare ou rivage, chaque chose est toujours plus loin que nous ne le supposons. Devenus prudents, nous hésitons à dire que Corfou est à trente milles, et que cette traînée pâle du côté d'Otrante est un nuage posé sur l'eau.

Nous n'avons point tort de nous méfier. Corfou est à cinquante milles, et ce prétendu nuage est la côte d'Italie.

Les officiers de passerelle se débattent dans ces déceptions. L'onde elle-même multiplie ses énigmes. Jadis, le marin ne redoutait que ce qui vogue au-dessus de l'eau; son regard apercevait à toute distance les traces de fumées, les mâtures indistinctes et le je ne sais quoi par où se trahit une présence. Mais les marins d'aujourd'hui braquent leurs prunelles sur cette surface autrefois innocente... Entre deux crêtes se balance une tache sombre... n'est-ce pas une mine chargée d'explosifs? Ces traînées luisantes, semblables au sillage d'un colimaçon, ne sont-elles pas la trace huileuse d'un sous-marin qui nous guette?

Ah! les marins apprennent des secrets. Naguère, ils contemplaient négligemment la houle et le clapotis, vieux compagnons fantasques, dont on pardonnait toutes les humeurs. Nous les tenons désormais sous un œil inflexible et dur. Cabrioles des lames, stries de lumière alternées, ombre d'un nuage, nous accrochons tout et ne lâchons plus. Tout est duperie.

Le veilleur oscille entre la crainte du ridicule et celle d'avoir mal vu. Il n'est point de jour où quelque radiogramme, émané d'une des sentinelles de l'onde, n'annonce à l'armée navale qu'un sous-marin est en vue. De Saint-Maure à Lissa, de Tarente à Corfou, tous les navires français prêtent l'oreille aux péripéties de la rencontre et souhaitent victoire au camarade engagé. Les minutes s'écoulent, on imagine le drame, une noble jalousie émeut tous les cœurs. Et le deuxième radiogramme court sur les flots : « Ce n'était pas un sous-marin ! » déclare-t-il. Alors, l'Adriatique et l'Ionienne résonnent d'un éclat de rire moqueur, un de ces éclats de rire que savent pousser les descendants des Gaulois.

Pourtant, la tragédie côtoie le rire… Du haut de la passerelle, l'officier de quart a vu, à deux ou trois milles, quelque chose qui n'est point de la couleur d'alentour. Il bloque sa jumelle sur cette verrue sombre ou claire, qui se meut paresseusement, comme un périscope à l'affût… Cette chose disparaît et reparaît, comme un périscope qui vient prendre un regard, régler sa route, et attendre… Le cœur de l'officier bondit. Ses ordres lancent les machines, commandent au gouvernail, envoient aux pièces les canonniers. Sa poitrine est rétrécie de joie et ses yeux pétillent. Sur le pont, aux sabords, officiers et matelots suivent passionnément l'alerte, et dirigent sur la tache suspecte le faisceau des regards; tous envient les collègues qui ont charge du navire au bon moment, et vont contre le sous-marin travailler de l'obus ou de l'étrave. Une joyeuse angoisse étreint les cœurs, car c'est lutte de mort, et la torpille déjà lancée chemine peut-être vers la carène. Les souffles sont haletants.

Mais un œil plus expert a distingué des formes. « C'est un morceau de bois! » murmure tel gabier... Le doute survient. « Non! c'est une bouteille! » chuchote un canonnier. On glose de proche en proche. Chacun lance son avis. « C'est un goéland! » « C'est une branche d'arbre! » « C'est un manche à balai! » « C'est une boîte de conserve! » Le brouhaha s'enfle et monte jusqu'à l'officier de passerelle, qui essuie ses jumelles pour mieux voir. Il espère encore, et maudit cent mille fois cette rencontre. Responsable du navire, de tous ces marins qui s'esclaffent, tiraillé entre la méprise et le risque, il se cramponne à la prudence, fonce vers l'objet malfaisant et retient au bord de ses lèvres l'ordre d'ouvrir le feu.

Soudain, à huit cents ou mille mètres, ses jumelles retombent, il fait quelques pas nerveux, annule l'alerte, envoie aux machines l'ordre de ralentir, et détourne ses regards de la boîte de conserve, de la branche ou de la bouteille. Le bâtiment lancé passe à petite distance. Les lazzis de l'équipage saluent l'épave innocente qui flotte, défile et disparaît... A moins que ce ne soit une mouette occupée de son bain : elle plonge, s'ébroue et replonge sans se soucier du navire, ni de l'officier de passerelle. Dans l'intervalle de deux plongeons, calée sur son poitrail, la mouette accompagne d'un « coincoin! » moqueur le monstre d'acier qui s'enfuit.

A la fin de son quart, l'officier descend au carré où l'accueillent des rafales de railleries. Stoïque, il méprise ces quolibets. Il sait que la nuit prochaine ou demain, à toute heure, ses camarades se tromperont comme lui : plutôt que de mal veiller, nous préférons tous voir un périscope où il n'y a que mouettes ou branches. Dans la mer du Nord, le *Cressy*, le *Hogue* et l'*Aboukir* avaient vu mille fois des mouettes et des branches. Le jour où ils n'ont rien vu, ils en sont morts.

Mer Adriatique, 15 octobre.

L'Adriatique est notre fief. Les croiseurs en usent comme si l'Autriche n'existait point. Ils montent, circulent, s'arrêtent devant les îles, défient les côtes sans qu'aucun ennemi visible les attaque. De Cattaro, sans doute, les sous-marins sortent journellement, en quête du gibier de prix que forment nos carènes. Mais le hasard, ou notre vigilance ont détourné le malheur. On veille, on s'épuise, rien ne survient.

Tantôt, à l'occident, se traînent au ras de l'eau les sables de l'Italie; quelques fumées flottent au-dessus d'Otrante ou de Brindisi, c'est tout ce que nous connaissons, depuis quarante jours, de l'activité des hommes. Le phare de Santa-Marin di Leuca marque le point extrême de terre latine; il est mélancolique; on dirait une aiguille pâle sertie dans l'air bleu. La nuit, son éclat repose sur les mousselines de l'horizon. C'est un des amis solitaires de notre solitude.

Vers les côtes orientales, d'autres amis surveillent notre cheminement : les cimes déso-

lées de l'Albanie et de l'Épire, ou bien l'archipel ionien, tendre joyau de pierre.

L'Albanie et l'Épire, noms retentissants et
maudits. Partout où régna l'Islam demeure la
dévastation. La base des montagnes s'enfonce
au sein de l'onde, et elles semblent colossales;
la mort habite leur flanc gris. Un chaud soleil,
pourtant, les enlumine et des mains diligentes
y pourraient entretenir la vigne ou l'olivier :
mais on ne voit que grumeaux de roche et
cicatrices de torrents. Par endroits, un cercle
jaunâtre et pelé fait tache sur la pierre. Là
florissait jadis un hameau d'Albanie ou d'Épire.
L'incendie l'a détruit et la rage des hommes
n'y a laissé qu'un désert calciné.

Un silence vertigineux s'écoule de ces montagnes. Il tombe et roule sur l'eau bleue,
d'un bleu dur dont il semble qu'un marteau
ferait jaillir des étincelles. Nul ne séjourne en
ces parages mornes. Le long des havres et
des criques, des barques aux voilures levantines prennent au vent toute la vitesse qu'il
faut pour passer en hâte. Ces barques trans-
portent des montagnards, empilés au fond des
cales comme moutons en bergerie. Dans ces
royaumes de brigands, tout est si dangereux
que les brigands eux-mêmes préfèrent aux

voyages terrestres les incertaines péripéties de la mer.

Notre croiseur arrête ces nefs loqueteuses. Alors le chargement humain jaillit de la cale, et son angoisse prouve qu'il attend sa dernière heure. Vêtus de peaux de moutons, harnachés de poignards et de pistolets, ces miséreux assurément recèlent dans leur âme un lot de crimes inconnus : chaque fois qu'ils y trouvèrent profit, ils trahirent ou massacrèrent. Leur cerveau plein de ténèbres ignore qui nous sommes et pourquoi nous venons. Nous ne pouvons être que des justiciers pourvus de canons tout-puissants.

L'officier visiteur les détrompe, par gestes, cela va sans dire. Les passagers demeurent soupçonneux, leurs prunelles aiguës surveillent le visiteur, qui désigne les cales et ordonne d'en sortir le contenu. Les sacripants comprennent : nous sommes des pillards qui laisseront vie sauve contre marchandises. Ils hissent pêle-mêle leurs chapelets de figues, leurs faisceaux de poissons secs, leurs petits sacs de maïs, misérables nourritures de ces misérables. Ils les étalent au pied du pillard en redingote galonnée ; leur langage caillouteux et leurs mains dressées attestent le Christ,

Allah ou bien le Génie des Cavernes, que plus rien de précieux ne reste en cale. L'officier bouleverse les sacs, en ouvre quelques-uns, de peur que des bidons d'essence ou des caisses d'explosifs n'empruntent cette voie subreptice vers Cattaro ou Pola. Ses doigts fureteurs ne rencontrent que figues ou harengs qui donnent à ses ongles un relent d'épicerie. Négligemment, il essuie du mouchoir les écailles mélangées au sucre des fruits, et ses yeux sévères font une dernière inspection de la barque. Les bons bandits retombent dans l'inquiétude. Ils ne comprennent plus. Que leur veut-on?... L'un d'eux parle, et tout à coup les visages se rassérènent. C'est de l'or qu'on exige, de la belle monnaie trébuchante, une rançon facile à emporter. Les plus riches extraient de leur ceinture quelques pièces aux effigies effacées de principicules balkaniques; les indigents alignent sur leur paume des sous et des centimes tordus, limés, bons à peine pour boutonner les vareuses de nos matelots. Un vieux bachibouzouk, blanchi aux tempes et à la pointe des moustaches, n'a pas un sou vaillant; accroupi sur le tillac, il égrène un chapelet noirci et demande à son Dieu l'absolution des peccadilles d'antan. Les autres supplient. Les femmes baisent les mains et les genoux de l'étranger en redingote ; les enfants crient comme des chantres...

Noble, l'officier visiteur embarque dans sa baleinière et fait le geste dédaigneux qui renvoie toute cette misère à ses destinées. Le pilote hisse la voile ; le richard rempoche ses piastres et le gueux ses deniers, le bachi-bouzouk ses prières, les femmes leurs baisers et les enfants leurs larmes. La toile se gonfle, le boutre passe tout près du croiseur, dont l'équipage montre une rangée de sourires indulgents, et nos Albanais, nos Épirotes, assis en rond sur les panneaux, n'y comprennent rien, rien, rien.

D'autres jours, notre trajet de police nous conduit plus au sud. Des vapeurs, des voiliers fréquentent les abords de Corfou, et nos visites sont plus méticuleuses, plus fructueuses. Les rivages ont perdu leur apparence morose ; des troupeaux noirs paissent aux collines ; les quinconces des oliviers et les bouquets de la vigne piquent chaque pente ; de petites criques bien abritées groupent leurs quatre maisons blanches autour d'une mosquée en ruines.

Au bord de l'eau, surplombant un havre,

s'élève le castel de quelque pacha d'antan. Ce castel est rond, cuivré, classique et merveilleusement posé. L'eau bleue renvoie son image pâlie, et nous nous attardons souvent au plaisir menu de l'admirer. Victor Hugo eût aimé ce donjon d'où jaillissaient les pirates et le village où s'accumulait le butin; ses strophes eussent célébré le pacha-corsaire, la grâce de ses odalisques et le roman de leur retraite chamarrée de pierreries... Pourtant, ces murs délicieux abritèrent les tragédies du Coran. Ils guettaient les chemineaux de la mer, et leur silence est celui d'un vautour abattu. Je préfère oublier cette hideuse grandeur. Je préfère la silhouette vide, artistement campée dans un heureux décor pour la brève délectation des quelques marins qui passent. Ce sont là délices stériles : nous n'en avons point d'autres.

Mais des heures parfaites nous attendent au large, devant Corfou, Paxo et Céphalonie. Quand le crépuscule y déploie les fêtes atmosphériques, nous y puisons l'allégresse et la constance qui soutiennent notre exil. Le soleil s'incline dans un cortège de nuages pourpres, de fins héliotropes couronnent l'empyrée; à mi-ciel descendent des ramures d'églantines et de géraniums, au pied desquelles foisonnent l'œillet rouge, la tulipe et le coquelicot. Le soleil nourrit cet incendie floral. La mer a disparu sous le réseau des diaprures : son corps fluide se marie à la substance lumineuse de l'atmosphère, et le croiseur, tout rose, vogue sur une myriade d'arcs-en-ciel.

Tout est calme, silence et fantaisie. Autour du navire flottent des métamorphoses. Chaque nuance resplendit, s'évapore, et les fées du soir la remplacent aussitôt : avec de l'air et un soleil, elles élaborent des prodiges que nos paroles offenseraient. L'extase qui n'a point de langage pénètre dans nos cœurs, et nous inclinons la tête sous la bénédiction de la lumière.

Enfin, l'astre s'appuie sur l'horizon, qui le ronge et l'engloutit. Son globe entraîne vers l'occident, vers la France, nos réflexions mélancoliques... Pour l'un, il dore des têtes blondes et caresse les vitres de la demeure conjugale ; pour l'autre, il luit aux prunelles d'une amante en larmes. Messager des sentiments qui ne peuvent s'écrire, le soleil prend sur nos lèvres le baiser que ses rayons vont déposer sur d'autres lèvres... Ensuite, il balaiera les sillons qu'a baignés le sang pur des soldats et portera vers leur dépouille la pensée des vagabonds.

Certains soirs, au moment où l'astre glorieux emporte nos rêves, un autre astre, languissant et décoloré, se hisse avec effort sur les îles Ioniennes. La lune nous propose ses timides reflets. Mais nous ne la regardons point. Sa clarté maladive, sa forme capricieuse, son pèlerinage parmi les ombres, évoquent trop nos besognes obscures, nos pensées instables et le souvenir que laissera notre œuvre dans la mémoire des siècles.

Canal d'Otrante, 18 octobre.

Avant-hier, l'armée navale s'est concentrée au rendez-vous fixé par l'amiral, en vue de Fano. C'était une journée blonde et tiède, pleine de sourires. La mer dormait. Des nuages s'amusaient à naître et à mourir, et de tous les points de l'espace survenaient les escadres, les divisions, les bâtiments isolés. Lents et trapus, les cuirassés montaient la courbe de l'horizon, et puis redescendaient jusqu'à nous ; auprès d'eux évoluaient les contre-torpilleurs comme des lévriers qui gambadent autour d'un cheval de chasse. Des régions italiennes, de l'archipel d'Ionie, accouraient aussi les croiseurs panachés de noir, sveltes et rapides, soulevant de l'écume ; ils abandonnaient leurs battues monotones de grand'garde ou de patrouille, pour se joindre à la cohorte française prête à remonter l'Adriatique.

Immobile au rendez-vous, ramassé comme un beau tigre au repos, couvert de pavillons et de flammes, le *Courbet*, vaisseau amiral, attendait les enfants de la faune marine. Haletants, ils s'arrêtaient tous sous son regard et recevaient les ordres suprêmes. Des passerelles du *Courbet*, les signaleurs envoyaient à chacun, par des mouvements de bras, les instructions préliminaires ; le long des drisses, les signaux montaient et descendaient, multicolores, écussonnés, moirés de lumière. Canots et vedettes s'éloignaient des bâtiments et couraient vers l'amiral, où les officiers en mission recevaient des enveloppes closes qu'ils rapportaient vite à leur bord ; les commandants décachetaient les plis, se courbaient sur les cartes et les plans et se pénétraient des volontés du chef... Chaque semaine, depuis le départ de Toulon, voilà l'épisode qui coupe les lentes navigations.

Multiple et majestueuse, l'armée navale s'ébranle. L'un après l'autre, les navires bouleversent l'onde mauve, prennent leurs postes, leurs lignes et s'écartent vers leurs routes nocturnes. Les amiraux conduisent leurs escadres et leurs divisions; de grandes stries, obscures et divergentes, laissent au ciel la trace des trajets du départ, mais la mer coquette efface toutes ses rides. Vers le Nord, s'enfonçant dans les pénombres, l'immense procession chemine pour offrir le tournoi de guerre. Elle couvre l'étendue d'une province. En arrière, et à grande distance les unes des autres, les escadres cuirassées progressent d'un pas solide et lent. En tête, offrant leur poitrine, les croiseurs déployés balaient l'Adriatique. Devant eux, il n'y a que le vide.

Le *Waldeck-Rousseau* s'avance dans la nuit. Son organisme aux aguets frémit dans l'ombre. Tous les sabords, tous les hublots sont fermés, et pas un soupçon de lumière ne nous trahit. Les foyers bien conduits ne lancent point de flammèches ni d'escarbilles. Le silence est absolu. Notre marche invisible ne fait pas plus de bruit que le vol de l'oiseau nocturne. C'est mon équipe qui prend la première veille.

Il y a je ne sais quelle ivresse robuste à concentrer toute énergie dans l'oreille et le regard, à contenir l'ardeur du sang pour l'action soudaine. Mon camarade à bâbord, moi-même à tribord, ne bougeons pas ; un mouvement machinal des doigts caresse les paupières ou flatte une démangeaison du cou, mais nos yeux braqués ne se détournent point. Ils n'absorbent que du noir. Des buées enveloppent la lumière des étoiles et la mer n'a pas de reflets. Nous nous mouvons dans l'opacité d'un tombeau. Ainsi, dans les forêts, rampent les bêtes à l'affût ; elles courbent les lianes, se faufilent dans les buissons qui ne crépitent point. Les machines et les hélices nous poussent, souples et feutrées comme des foulées de félins ; notre étrave ouvre l'onde sans l'agiter.

Mon camarade et moi sommes la pensée temporaire de cet être prudent. Autour de nous glissent peut-être les destroyers autrichiens, invisibles aussi, muets aussi, et qui dardent en courant la pointe de leurs torpilles. Avant que nous ne nous soyons doutés que la mort rôde par là, ils auront aperçu notre corps gigantesque, qui fait tache dans la nuit. Que les deux officiers de veille, sauvegarde du bâtiment, aient une seconde d'oubli ou de fatigue, et mille hommes couleront dans l'abîme dont on ne revient pas. Ces mille marins mettent en nous leur confiance implicite. Si le malheur arrive, ils nous pardonneront dans leur agonie, parce qu'ils savent que nul pouvoir humain n'eût pu le détourner. Tout à l'heure, quand nous nous abattrons sur nos couchettes, écrasés par le surmenage mental, nous livrerons sans arrière-pensée nos existences à nos successeurs. Les deux veilleurs de la passerelle sont les archanges du salut de l'équipage.

C'est la grandeur de notre métier. Nulle part, en cette guerre où les champs de bataille auront vu tant d'héroïsme, une tâche plus lourde ne se sera posée sur les conducteurs d'hommes. Un général ou un sergent ne peuvent commettre de faute qui anéantisse en une minute leur armée ou leur escouade. La balle ne tue qu'un homme, l'obus rafle une file, et la mine épargne ceux qui sont loin. Chaque guerrier, sur terre, conserve sa chance de survivre au plus grand désastre, et le chef le plus imprudent n'aura jamais sur la conscience la mort de tous ceux qu'il menait.

Mais un navire est une prison, plus jalouse que les pierres, les barreaux et les chaînes :

nous sommes suspendus sur le gouffre. Les catastrophes navales sont vomies par l'enfer ; il n'en est aucune autre qui puisse faucher tant de vies d'un seul trait. Perdu corps et biens ! Sentence terrible, que la parole humaine ne peut attacher aux cataclysmes terrestres. Les tremblements de terre, les incendies laissent des souvenirs, des ruines, des témoins de ce qui fut... Mais l'océan arrache de sa surface une poignée de métal et d'hommes et l'envoie se décomposer dans ses entrailles. Le lendemain, l'onde inaltérable sourit.

La mer connaissait déjà tous les arts du meurtre. Il fallait que notre diabolique génie vînt en décupler l'horreur. L'engeance humaine a conçu la mine plus implacable que cent récifs, la torpille plus destructrice qu'un cyclone, et ces explosifs qui déchiquettent la substance virile, la disloquent, vivante encore, en projectiles de chair.

La lente nuit s'écoule. Ces présages du sort des marins envahissent l'âme des veilleurs et leur donnent le désir vigoureux de vaincre les spectres de l'ombre. Mourir n'est rien, si l'on a pu sauver les autres. Des profondeurs du navire, des hamacs ou des postes de veille, monte l'appel de mille cœurs confiants. Leur

faisceau constitue cette chose qui n'a point de
forme ni de loi, qui puise sa force au plus profond des âmes, dans la tendresse, dans l'offrande totale de soi-même : le Devoir.

*
* *

Pour traînantes que soient les heures emplies
par de telles angoisses, la nuit cependant commence à se décolorer. Des régions blêmes
pâlissent à l'orient, les brumes expirent et
dévoilent les abîmes du ciel, où quelques
astres déjà ternis s'éteignent l'un après l'autre
devant l'approche du soleil. Cette lumière
conquérante gagne les confins de l'espace et
fait saillir de la nuit les choses éternelles et les
choses passagères. Vers le sud, un croiseur
émerge de l'onde dont il conserve encore les
grisailles; l'aurore le dévêt de ses gazes, modèle sa forme, sa mâture et la volute de ses
cheminées. Plus loin, une rangée d'aiguilles
au ras de l'eau semble immobile; ce sont les
mâtures des cuirassés qui nous suivent à la
piste; d'autres, plus au sud, sont tout à fait
invisibles.

Les montagnes d'Autriche et du Monténégro
prennent possession d'une moitié du ciel; leur

cime se blanchit d'un ourlet solaire. Elles forment une muraille, tracée depuis l'infini du nord jusqu'à l'infini du sud, et les ravins, les escarpements et les caps sont encore fondus dans des brouillards. Notre croiseur reçoit l'ordre de gagner plus au nord, tandis que les autres croiseurs se déploient entre lui et les masses cuirassées. Il force de vitesse, toute sa coque frémit sur sa cuirasse. Quand il a rejoint son poste, il aperçoit encore son voisin du sud et les cheminées de celui qui vient ensuite, mais des flocons de fumée lui apprennent seuls la présence des autres navires, dont le plus éloigné, en face d'Antivari ou de Saint-Jean de Médua, navigue à cinquante kilomètres.

L'armée navale tout entière incline sur la droite et fonce vers la côte ennemie, que chaque instant rend plus lumineuse. Je reprends la veille, abandonnée avant minuit. Quelques heures de mauvais sommeil m'ont laissé dans la bouche un goût de cendre et aux paupières un papillotement douloureux. Mais n'est-ce point ainsi que nous vivons tous depuis je ne sais pas combien de semaines? Et ne faut-il pas fouetter son sang devant le danger qui approche? Et peut-on rester assoupi dans la merveille de cette aurore?

C'est de la lumière toute simple et parfaite. Le bleu des regards de vierge, le vert hésitant des prés d'avril, paraissent grossiers et durs à côté de notre lumière. Elle est calme et vivante. Elle enchante comme un parfum ; elle engendre une volupté grave. La robe des anges doit être tissée de ces rayons-là.

Mais derrière les montagnes le soleil monte. Tout se dessine et perd la grâce. Très au nord, au-dessus des îles dalmates, quelques nuages salissent le firmament. La brume décoiffe la baie de Cattaro, dont nos jumelles précisent les détails : taches grises des forts, traits blancs des phares, fumées des navires autrichiens abrités au fond de la rade. Au-dessus de la ville invisible encore, un point noir monte, lentement, comme une bulle obscure ; j'observe cette ascension suspecte et ne distingue pas encore ce qu'elle signifie. D'ailleurs, le soleil écorne la crête d'une montagne.

L'espace vibre tout entier. Les prunelles refusent tant de clarté fulgurante. Mais l'astre se dégage des cimes et chaque effort de sa montée verse un torrent triomphal. Les îles dalmates, la côte autrichienne, se dressent tout à coup, grandies et menaçantes. Les navires du sud nous renvoient les éclats de

leur carène, la nappe de mer où s'avance le
croiseur solitaire se couvre d'un miroitement
que le regard ne perce point. Le doigt sur la
gâchette, les canonniers de veille sont plus
immobiles que jamais. Sur l'avant du navire,
les matelots qui ne sont point de quart ne
quittent pas des yeux la terre qui s'approche et
l'onde qui glisse... Ce point noir qui montait
tout à l'heure s'est arrêté au bout d'un fil. Je
reconnais maintenant un ballon captif. Sa
nacelle, ses cordages semblent aussi diaphanes
qu'une œuvre d'araignée ; mais un œil humain
nous a vus de là-haut, une bouche a prévenu
par téléphone les sous-marins et les destroyers, et tout s'émeut, dans cet arsenal inac-
cessible, pour tâcher d'atteindre sans danger
notre croiseur qui offre la bataille. Dans la
splendeur du matin calme, ce ballon captif
symbolise les troubles pensées humaines : le
meurtre et la destruction. Mais il est délicieux
d'approcher l'ennemi dans cet enchantement.
Sous le soleil, la mer est redevenue bleue et
séductrice, et la mort du croiseur, si elle survient, sera divinisée par la lumière.

Les péripéties se succèdent. Hors des derniers bancs de brume allongés sur la côte,

montent en spirale deux manières de moustiques presque imperceptibles. A si grande distance, ils ressemblent à deux poussières animées. Ce sont les aéroplanes autrichiens qui
recherchent la hauteur, les vents favorables à
leur attaque ; ils aperçoivent le *Waldeck-Rousseau* perdu lui-même dans les vapeurs marines
et se séparent aussitôt, l'un filant vers le nord,
l'autre au sud. En quelques minutes, leur
silhouette s'enfouit dans les nuages et nous ne
savons plus ce qu'ils deviennent.

Bientôt, le poste monténégrin du Lovcen
nous signale par radiogramme que le port de
Cattaro s'anime. Une escadrille de contre-torpilleurs pousse ses feux, quelques cuirassés
évoluent, des sous-marins se dirigent vers les
passes de sortie. Prévenus, les veilleurs de la
passerelle, matelots et officiers, observent le
goulet et ne tardent point à discerner au ras
de l'eau de minces flocons bleuâtres ; on dirait
les bouffées d'une cigarette haletante ; il faut
pour les distinguer l'extrême acuité visuelle
des hommes de mer, car nous naviguons à
plus de vingt mille mètres du rivage ; ces deux
sous-marins qui sortent de Cattaro sont presque
en plongée, et la luminosité de l'atmosphère
éblouit. Et puis, on ne voit plus rien : les pois-

sons métalliques se sont ensevelis sous les ondes, font des chemins inconnus et se dirigent mystérieusement vers leur proie, vers nous.

Du haut de la passerelle, tous les yeux sont braqués. Une lucidité de vision et d'esprit, un calme bienheureux, accompagnent l'approche des dangers. Sur la plage avant (1) les marins non de service scrutent alternativement l'horizon et le visage des officiers de quart, pour lire sur celui-ci les aventures que réserve celui-là... Parmi les méandres de Cattaro glissent quelques mâtures fines comme des cheveux ; ce sont des destroyers qui sortent à leur tour et vont nous charger. Le *Waldeck-Rousseau* continue à s'approcher de la rive hostile. Les premiers destroyers apparaissent enfin, gris et empanachés de fumée ; le moment est venu de se disposer à la lutte et le commandant ordonne aux clairons de rappeler au branle-bas de combat.

Aux premières notes de cette sonnerie, qu'ils ont tant de fois entendue pour des exercices stériles, les matelots dressent l'oreille et dardent vers la passerelle des regards interrogateurs. Quelques voix s'élèvent et deman-

(1) Plage avant : partie découverte du navire qui s'étend de l'étrave au pied de la passerelle.

dent, avec crainte pour ainsi dire : « Est-ce pour de bon cette fois-ci? » D'un signe de tête affirmatif, je les rassure; une acclamation joyeuse sort de toutes les poitrines, acclamation d'enfants qui vont enfin jouer, et en un clin d'œil chacun se précipite vers son poste de combat. Le pont devient désert et le navire abandonné.

Mais dans ses flancs s'anime une vie secrète. Les portes étanches sont closes, de puissants verrous manœuvrés en hâte font de l'énorme carène une ruche aux parois d'acier. Dans chaque alvéole, des groupes d'hommes, un homme isolé parfois, observent les appareils, les manœuvrent et attendent. Ils ne voient et ne verront rien. Si le navire succombe, ils ne sauront point pourquoi. Tous se taisent. Tandis qu'aux grands moments des batailles terrestres, les soldats traduisent par des vociférations leur allégresse d'agir, les matelots, au contraire, doivent observer un suprême silence. Il faut n'entendre que les cliquetis d'engins, les ordres téléphoniques et l'appel des timbres. Dans les tourelles et les casemates, derrière les pièces, les servants et les pointeurs, en des poses immobiles, se tiennent prêts à accomplir les gestes rapides, précis,

tant de fois répétés aux innombrables exercices, qui enverront au but des projectiles sûrs
et nombreux.

De la quille aux canons, des machines au
gouvernail, l'attente muette d'un millier
d'hommes reflue vers le blockhaus, cerveau du
croiseur. Dans cette enceinte cuirassée, domi-
nant la mer, le commandant, ses deux officiers
de tir, son officier de manœuvre, savent que le
salut du navire réside en la clarté de leur
jugement. A voix basse, comme s'ils conver-
saient de choses sans importance, ils s'adres-
sent aux matelots transmetteurs d'ordres. Accroupis devant les claviers de l'artillerie,
quelques hommes manœuvrent les volants, les
sonneries, les manettes qui envoient à l'orchestre des canons les distances, les correc-
tions de tir, les indications de feu. Debout
derrière les trois cadrans qui commandent aux
machines, trois marins y inscrivent les instructions à peine énoncées. A droite et à
gauche, la bouche et l'oreille proches d'un jeu
de téléphones et de porte-voix, deux matelots
écoutent les nouvelles des fonds et y répondent. La main sur le levier de la barre, les
yeux sur le compas de route, un sous-officier
impassible exécute les ordres de manœuvre. Il

n'y a point de bruits, sinon le tintement grêle du timbre de cette barre, qui indique chaque degré vers bâbord ou vers tribord... Les quatre conducteurs du navire observent l'horizon par des créneaux à hauteur du visage, saignées horizontales pratiquées dans l'épaisseur du blockhaus, semblables aux minces ouvertures que portait le heaume des chevaliers bardés de fer.

Par ces embrasures, ils distinguent le rebroussement d'écume d'un périscope qui se dirige, à tribord, vers le croiseur lancé à toute vitesse. Instantanément, toute la bordée d'artillerie légère ouvre le feu sur cette volute hostile et le gouvernail, manœuvré à droite, change la route du croiseur pour décevoir l'ennemi et tenter de l'éventrer... Presque au même moment, des nuages septentrionaux, sort un aéroplane qui descend en trombe vers nous, et évolue pour prendre sa cible en longueur ; nos mitrailleuses se pointent sur cet adversaire atmosphérique et leur crépitement tambourine dans l'air... Dès que notre distance nous permet de battre efficacement les contre-torpilleurs qui chargent, la grosse artillerie lance sur eux des rafales réglées. Le croiseur n'est plus qu'une masse de fumée et de bruits qui fait front contre le triple danger de l'air, de la surface et des profondeurs. Chacun des homme travaille avec une précision d'horloge. Je ne peux point énumérer tous les épisodes de ces instants délicieux...

Juste au-dessus de nous, à trois cents mètres de hauteur, l'avion lâche ses bombes : leur chute fait le bruit haut d'une lame de fer qu'on déchirerait. Mais le déplacement du croiseur sur la droite annule la précision de leur pointage ; tout près de notre carène, sur l'avant et sur l'arrière, elles éclatent et font un vacarme qui assourdit la voix des canons ; leurs morceaux voltigent au-dessus du pont et des tourelles, et près de leur point d'explosion, la mer frémit comme criblée d'une grêle de cailloux. L'avion regagne les hauteurs, poursuivi par nos mitrailleuses qui bientôt l'abandonnent.

Malgré le gouvernail mis tout à droite, l'embardée du croiseur est trop courte et manque, si peu que ce soit, le sous-marin qui a disparu dans l'eau. Les matelots des fonds entendent passer le long de la coque un frémissement de liquide bouleversé ; ils croient même percevoir le choc d'un solide qui racle la carène sans pouvoir y pénétrer. Il n'est guère douteux que le sous-marin nous a torpillés, mais la vive manœuvre du navire nous sauve : au lieu de nous frapper en plein, de faire en nos flancs des ravages terribles, la torpille — peut-être y en avait-il plusieurs — nous a simplement frôlés, et elle passe, impuissante.

Pour voir s'il nous a touchés, pour nous viser à nouveau, le sous-marin émerge encore ; l'élan de sa remontée montre son périscope et son kiosque, par notre travers, et sans retard l'artillerie légère le couvre une deuxième fois ; l'eau bouillonne autour de lui, des obus éclatent et l'enveloppent de fumée jaunâtre. Est-il atteint ? Est-il détruit ? On ignore toujours le sort de ces adversaires qui, vainqueurs ou vaincus, s'enfoncent dans l'eau. La course du croiseur l'entraîne au loin, on ne s'occupe plus du sous-marin désormais inoffensif, et seule la grosse artillerie parle.

Les contre-torpilleurs autrichiens sont encadrés, à grande distance, par la chute de nos projectiles. Mais, tels des bécassines, ils décrivent sur l'onde des crochets et des zigzags, nous sommes emportés à la vitesse de onze mètres à la seconde, et si notre feu arrête les destroyers, il ne paraît pas qu'il les touche. Leur prudence triomphe de leur audace. Persuadés que notre tir ne leur permettra jamais d'approcher à distance de torpillage, ils font demi-tour et s'enfuient. A tour de rôle, comme des lapins regagnant le terrier, ils s'enfoncent dans la passe de Cattaro et nous ne distinguons plus que la pointe de leurs mâts qui s'éloignent, se perdent, disparaissent.

Notre artillerie lourde bat aussitôt les ouvrages de la côte, phare ou batteries, qui se trouvent maintenant à portée. Les explosions sur la roche et la terre permettant de régler le tir, en quelques minutes nous ferions grand mal au rivage si un radiogramme du commandant en chef, survenant alors, ne nous enjoignait de suspendre notre combat solitaire. Sans doute, les forts terrestres attendent que nous soyons encore plus près, et leurs canons, plus puissants que les nôtres, nous infligeraient les coups que n'ont point réussi à donner l'avion, le sous-marin et les destroyers.

A regret, mais obéissant, le *Waldeck-Rousseau* tourne son arrière à la rive et se dirige au sud vers les croiseurs qui l'attendent. En quelques instants, leurs formes lointaines, celle des cuirassés échelonnés par escadres, grossissent et se précisent. Tous seraient venus à la rescousse, si notre défi avait pu faire sortir de Cattaro les forces puissantes qui s'y abritent ; mais cette fois encore les Autrichiens n'offrent point la bataille et ont seulement tenté de donner au *Waldeck-Rousseau* une mort qui leur fût économique.

Tandis que notre croiseur, toujours à grande vitesse, regagne sa division, le périscope d'un deuxième sous-marin, à l'affût au large, montre du côté de bâbord son sillon d'écume. Qu'il ait lancé ou non ses torpilles, nous l'arrosons d'un feu bien nourri d'artillerie légère, sans nous attarder à le poursuivre, car l'ordre de ralliement est impératif... Une demi-heure plus tard, réduisant son allure, le *Waldeck-Rousseau* reprend son rang parmi les croiseurs formés en ligne : leurs équipages regardent avec envie ce bâtiment qui, le premier dans la guerre navale, a eu le triple honneur d'affronter le triple adversaire des navires.

Des signaux montent. Des formations nouvelles sont prises pour la descente de l'Adriatique. Dans quelques jours, nous reviendrons insulter l'Autriche et serons plus heureux peut-être. C'est une fin de matinée toute blanche et transparente. A bord, le branle-bas de combat a été rompu, et le poste de veille est repris ; pendant que là-haut, sur les passerelles, des officiers et des matelots continuent à observer la mer, nous nous retrouvons au carré. L'heure approche du repas. Nul ne parle des moments que vient de vivre le croiseur. Tel officier mécanicien qui sort de la fournaise des chaudières s'essaie d'une main ferme à battre son record au bilboquet. Quatre autres, l'oreille pleine encore du fracas de leurs canons, se plongent dans les subtilités pacifiques d'un bridge. D'autres examinent les cartes de Flandre et de Pologne.

Un grand apaisement, une sorte d'oubli engendrent des propos qui n'ont rien de belliqueux. Et quand, après le repas, le commandant réunit les officiers dans un salon pour célébrer d'une coupe de champagne leur baptême du feu, il nous semble déjà que sa brève allocution évoque une chose très vieille.

Mer Adriatique, 25 octobre.

On ne sait quoi d'obscur frôle l'horizon. Tache sur le ciel? Pointe de nuée? Mirage d'îlot? Notre œil n'hésite pas longtemps : cette chose vit et respire; c'est la fumée d'un bâtiment... L'officier de quart active les machines, manœuvre le gouvernail et pointe l'étrave sur cette fumée. Depuis le départ de France, pas un navire, pas une voile n'ont évité l'inquisition des croiseurs et contre-torpilleurs, Argus et Cerbères des sentiers de l'onde.

Au-dessus de l'horizon montent la mâture, les cheminées et la coque du navire. Que sa conscience soit trouble ou tranquille, il sait qu'il n'échappera point à notre vitesse et ne tente pas de s'enfuir... A quinze mille mètres, sa silhouette indique un paquebot ou un bâtiment de charge; à dix mille, sa hauteur au-dessus de l'eau nous apprend s'il est rempli ou s'il ne porte rien; à cinq mille, son pavillon nous enseigne sa nationalité. Anglais ou Français, il passe. Neutre, nous lui montrons le signal du code international :

« Arrêtez-vous sur-le-champ! »

Il faut bien qu'il s'arrête. Fait-il mine de poursuivre : un premier coup de canon à blanc l'avertit de ne pas jouer avec le feu. Feint-il de ne pas entendre cette semonce : un projectile tombe sur sa route et le prévient que nous ne badinons pas. Que son hélice s'obstine à tourner : quelques coups en pleine coque l'assureraient que cela devient sérieux... Il s'arrête toujours à temps.

Le croiseur s'arrête lui-même à portée du suspect. En un clin d'œil, une de nos baleinières descend à l'eau, son équipage saisit les avirons; l'officier de corvée, armé du sabre et du revolver, muni d'un grand registre, saute dans l'embarcation qui s'éloigne du bord. Un matelot l'accompagne. Quand la brise est mauvaise et la mer clapotante, la coquille bondit, plonge et roule; les sept baleiniers s'évertuent à force de rames sur le bref parcours qui semble interminable; des paquets de mer coiffent marins et officier qui dans quelques minutes sont complètement trempés.

La baleinière accoste le vapeur, sur la muraille duquel se balance une échelle de corde; parfois, c'est une simple corde à nœuds. Pourquoi sont-elles toujours trop courtes? Je n'en sais rien... A bras tendus, empêtré d'un sabre et d'un registre, sanglé dans une redingote qui n'est point taillée pour la voltige, l'officier s'efforce de saisir l'échelle. Mais la houle balance, redresse, incline la baleinière. Quand on approche la coque, l'échelle frétille à deux mètres de hauteur; dès qu'on pourrait l'étreindre, l'embarcation fait un écart au large. C'est comme un cheval capricieux qui refuse l'étrier. Les passagers, l'équipage du paquebot sourient malicieusement à cette gymnastique. L'officier rage. Il place son sabre entre ses dents, insère son registre entre redingote et chemise, attend l'embardée la moins défavorable, se lance à corps perdu et agrippe l'échelle. Pour quelques secondes, il exécute du trapèze volant; une lame s'amuse à le lécher jusqu'aux genoux, aux hanches ou à la poitrine; d'un vigoureux rétablissement, il gagne quelques échelons, se hisse aux cordes glissantes, enjambe le bastingage, et pose enfin les pieds sur le pont.

Dieu merci, l'aventure n'est pas toujours aussi déplaisante. Quelques visites ont paru d'agréables corvées, mais que nous réservent les mauvais temps d'hiver?

Ce serait exiger des capitaines-marchands une vertu surhumaine, que de les vouloir satisfaits de ces visites en pleine mer. Nous les retardons, nous les ennuyons, et parfois les détournons de leur itinéraire. Ils montrent d'ordinaire un visage fort bourru, et d'ailleurs il faut se méfier de leurs mines trop polies. L'officier rajuste son désordre, renfonce sa mauvaise humeur, prend un air impassible et salue militairement.

— Commandant, dit-il, veuillez me soumettre vos papiers.

Cette formule s'énonce en anglais, en espagnol, en italien ou en français. La grammaire en souffre quelquefois, mais tout le monde n'est pas polyglotte. Quand l'officier visiteur épuise tous les vocabulaires sans que personne comprenne, il se contente d'un geste, appuyé d'un froncement de sourcil dans la direction de son revolver, et l'intelligence survient aux plus obtus. Un petit cortège se forme : le capitaine important, l'officier sévère, le commissaire obséquieux, le matelot d'escorte en serre-file. Par les coursives et les escaliers, ces quatre acteurs gagnent la chambre de navigation où sont déposés les papiers réglementaires. Sur les paquebots luxueux, l'on a disposé parfois dans le salon des premières une table garnie de cigarettes et de liqueurs : une telle attention donne double méfiance.

Le long du parcours, les passagers se pressent en haies compactes. Cet épisode rompt délicieusement la monotonie du voyage et met dans leurs âmes pacifiques le frisson de la grande guerre. Chacun se sent devenir héros et prépare des récits dont ses auditeurs futurs seront émerveillés. Les hommes scrutent le visage de l'officier de France, mais ne lisent pas grand'chose sur ce masque froid. Les femmes, plus audacieuses, cherchent son regard, son sourire, se campent devant lui, sollicitent son attention : « Vive la France! » crie l'une. « Il a un vrai revolver! » chuchote l'autre avec un frémissement. « Arrêtez-vous, mon officier, que je vous photographie! » implore une troisième.

L'officier visiteur ne répond rien, ne s'arrête pas, et se hâte vers sa mission. Sur son grand registre, il consulte le modèle de tous les documents qu'il tient mandat de vérifier; texte, timbres, paraphes y sont scrupuleusement reproduits, et pas un seul mot des papiers du navire ne doit différer de l'original. Qu'il s'agisse d'arabe, de norvégien ou de japonais, le crayon de l'officier collationne ligne par ligne; par phrases brèves il approuve ou critique.

L'état civil du bâtiment paraît en règle; son nom, sa patrie, son passé ne révèlent aucune équivoque. Le capitaine alors subit l'interrogatoire. D'où vient-il?... Où va-t-il et où s'est-il arrêté?... Quels sont les ordres de ses armateurs?... D'après la carte et le journal de navigation, d'après les heures et jours inscrits dans les relâches par les autorités officielles, chacun de ses dires passe au contrôle. Un retard, une inexactitude réclament explications et preuves. Par le temps qui court, les mouvements de mer doivent être hors de soupçon et le moindre faux-fuyant rend suspect... Pour venir en aide à son commandant, le commissaire du navire se multiplie, remplit un verre de liqueur, débouche une bouteille de champagne, glisse la coupe fumante entre deux questions incisives. La main française repousse courtoisement ces offres d'Artaxerxès.

Le commissaire à son tour passe au banc des accusés. Il déploie et explique les listes de marchandises, grimoires en toutes langues, bourrés d'abréviations inconnues, de poids et de mesures désuets, rédigés dans l'argot de l'épicerie ou de l'usine. Chaque ligne contient un piège et vingt dictionnaires spéciaux n'en déceleraient point les traquenards. Comme un archéologue penché sur une pierre usée, l'officier visiteur soupèse, déshabille, interprète ces hiéroglyphes; d'un calepin tenu à jour sur les navires de guerre, il extrait les listes d'expéditeurs, de destinataires favorables à nos ennemis, et vérifie que leurs noms ne figurent pas sur les papiers du bord.

Chaque énoncé de marchandise pose un dilemme. Certaines cargaisons passent toujours, d'autres sous conditions, et quelques-unes, contrebande formelle, sont de bonne prise. Les textes des conventions de la Haye ou de Londres prétendent résoudre tous les problèmes. L'officier consulte ces textes, s'efforce de s'en inspirer. Mais les conventions, rédigées aux temps de paix pour le désespoir des marins de guerre, fourmillent d'équivoques où se glissent les neutres narquois. Combien d'énigmes les officiers belligérants n'ont-ils pas dû résoudre en quelques minutes, sous le regard atone des deux compères !

Selon tel paragraphe, le cas paraît évident, mais une annotation corrective remet tout en question. Il n'y a ni précédents, ni jurisprudence. Sur notre décision repose une parcelle de la dignité de la patrie : trop de bonhomie risque de procurer aux adversaires des ressources précieuses ; contre trop de rigueur s'élèveront les plaintes véhémentes des neutres lésés. Que notre arrêt de Salomon prête un interstice à la dispute, et une cohorte de juristes, séant aux tribunaux de prise, le tiendra sous la loupe pendant des semaines et des mois ; ils useront de longues veilles et des monceaux de papier avant de découvrir ce que devait être la sentence rendue entre une baignade en baleinière et une alerte contre les sous-marins. Et, plus tard, les bulles officielles fulmineront sur le coupable le désaveu circonstancié des jurisconsultes de fauteuil.

Bah! Nous avons nos grâces d'État. Notre conscience est claire, nos desseins sont purs et peu de remords accompagnent nos verdicts. Hier comme demain, le simple conseil du bon sens nous dicte l'embargo ou l'absolution. Les sourires, les grimaces du commissaire n'inclinent pas nos jugements, et quand même le capitaine, au moment critique, nous offre avec insistance une boîte entière de précieux cigares de la Havane, cette séduction n'ajoute pas un grain sur le plateau de nos balances. L'officier refuse poliment, termine son examen, décide, et réclame la liste des passagers.

— Commandant, veuillez ranger sur le pont toutes les personnes présentes à bord. Que chacune tienne à la main ses pièces d'identité. Je passerai l'inspection dans cinq minutes.

Femmes de chambre et garçons s'éparpillent dans les cabines, qu'un brouhaha remplit soudain. Au milieu d'un concert d'exclamations, de murmures et de rires, des doigts fiévreux fouillent les portefeuilles et les sacs.

Les voyageurs à l'âme blanche découvrent tout de suite ce qu'il faut ; les femmes rajustent leur coiffure, poudrent en hâte un soupçon de hâle et rectifient d'un tour de main tous les détails de leur toilette. Elles s'amusent follement. Voilà du vrai théâtre ! Pour bien peu, elles vêtiraient leur plus jolie robe... Mais l'officier s'impatiente et le capitaine s'excuse : un passager ne peut mettre la main sur ses passeports, qu'il a sans doute enfermés dans une malle... Parfaitement ! L'histoire est connue ! Qu'on fasse grimper tel quel ce gibier d'Allemagne.

Sur deux ou plusieurs lignes, tout le monde se range enfin. Irrésistible, un ordre monte aux lèvres de l'officier visiteur : « A droite, alignement !... Fixe ! » Mais non ! Ces passagers ne sont point des militaires. Et puis, comment aligner cette grosse dame en jupe trop courte qui s'intercale entre un adolescent asthmatique et un Américain noueux ? Étouffons notre rire ! Les lignes oscillent, un gamin éternue dans les profondeurs, deux Brésiliennes ou deux Argentines s'esclaffent sans vergogne, un bon nègre gigantesque tremble de peur. L'officier passe l'inspection.

Comme une rangée d'aveugles avançant des

sébiles, chacun tient à la main ses passeports. Les hommes sont extrêmement graves, indignés presque, et l'on devine derrière leur front des tempêtes silencieuses; ils guettent une parole imprudente afin d'invoquer soudain leur consul, leur ambassade et les droits imprescriptibles des neutres. Vain espoir. L'officier les dévisage d'un clin d'œil et feuillette leurs papiers d'un doigt scrupuleux. Timbres et paraphes sont corrects, le signalement aussi; les passeports, l'acte de nationalité ne sentent pas la supercherie. Mais nulle pierre de touche ne vaut le langage : quelques mots, quelques phrases livrent maint secret aux oreilles expertes, et l'hésitation accuse lorsque les parchemins absolvent.

— Veuillez me dire d'où vous venez. — Veuillez me dire votre nom et le jour de votre naissance. — Y a-t-il longtemps que vous avez quitté votre pays? — Veuillez me répondre dans votre langage ? — Quelle est votre profession?

Il faut interpeller à brûle-pourpoint, de façon variée, et se garder de poursuivre le dialogue. Jamais de discussion, un jugement instantané, et l'on passe.

Des compatriotes, des Russes, des Anglais,

subissent l'interrogatoire. Ils témoignent leur allégresse et voudraient bien causer.

— Trop pressé, mon ami!... Une poignée de main et bon voyage!... Les dernières nouvelles de la télégraphie sans fil?... Tout va bien, très bien!...

Clic! clic! A droite, à gauche, les kodaks fonctionnent. Qui dénombrera jamais les albums où d'espiègles passagères auront fixé leur inspection navale? Elles s'imaginent qu'on ne les voit point, mais leur visage subitement sérieux, leur air de n'y pas toucher trahissent leur crime.

— Et vous, mademoiselle! Que de signatures sur vos passeports! Quel voyage faites-vous donc?

— Je viens de Valparaiso, et je vais à Moscou dans ma famille.

Grands dieux! que font toutes ces femmes à travers le vaste monde? La moitié des soldats d'Europe s'est jetée sur l'autre moitié, mais les voyageuses vont, comme des colombes, sans souci de la tourmente.

Les passeports masculins sont compréhensibles : fonctionnaires, industriels circulant de port à port, mobilisés, producteurs d'Extrême-Orient, tous avouent des intentions bien définies et faciles à contrôler. Mais l'origine et la destination des femmes sont des énigmes ou des casse-tête. En Amérique, en Asie, en Afrique, toutes les chancelleries des consulats perdus ont surchargé, raturé les plus déconcertants itinéraires. La fantaisie triomphante règne sur leurs papiers.

Le mystère est accru par les contradictions de leur aspect. L'officier visiteur examine une passagère modeste, rougissante comme une pensionnaire, en souliers de tennis, tailleur de flanelle et casquette de voyage, qui répond fort timidement... Et que voit-il sur la photographie du passeport qu'elle exhibe? Une poupée souriante, enfouie sous un chapeau grand comme une meule, empanaché d'aigrettes et de plumes; une chevelure fort travaillée cache la moitié du visage, et trois rangs de perles se posent sur un col ouvert pour le bal!... Y a-t-il rien de commun entre cette figurine de luxe et la personne craintive, figée la main dans le rang, dont l'allégresse intérieure se traduit par le pétillement des prunelles et l'imperceptible tremblement des coudes? Malin qui le jurerait.

Trop heureux quand elles connaissent au juste leur nationalité. Je ne soupçonnais point qu'une patrie pût s'égarer, se perdre et se retrouver comme une paire de gants. Mais on apprend chaque jour en ces parages-ci. La guerre, les conventions et les révoltes ont si bien embrouillé la carte de l'Orient, qu'il semble que chacun s'y soit pourvu de deux ou trois patries de rechange.

— Enfin, madame, veuillez vous expliquer pour votre mari, que je ne comprends pas. Quelle est sa nationalité? Et vous-même, êtes-vous Turque, Égyptienne, Grecque ou Russe?

— C'est très simple, monsieur l'officier. Mon mari était Arménien, c'est-à-dire sujet turc. Au moment des massacres, il s'est enfui au Caucase et a trouvé prudent de devenir protégé russe. Ses affaires l'ont appelé en Crète, qui est devenue grecque pendant qu'il y vivait. Moi, je suis née en Macédoine, sujette turque, mais la dernière guerre m'a rendue Serbe. Nous allons à Alexandrie parce que l'on y sera plus tranquille, car depuis que les Anglais sont suzerains de l'Égypte, nous avons l'intention...

Ainsi va le conte... Aventurières, espionnes ou épaves ballottées aux remous levantins, leurs discours sont aussi pittoresques que leurs

papiers. Il y aurait du ridicule à les tourmen-
ter dans le labyrinthe où elles-mêmes s'éga-
rent.

A quoi bon d'ailleurs? Les vraies prises, les
bons butins se reconnaissent à des symptômes
sûrs : faces germaniques, accents tudesques,
réponses rogues ou mielleuses, explications
balbutiées. Ils ont beau maquiller leurs noms
et nous soumettre des faux en écriture, la race
de ces Allemands suinte par tous les pores.
Ils courent fomenter la révolte en Égypte ou en
Tripolitaine ; ils vont travailler les Balkaniques,
poursuivre aux Indes ou en Chine quelqu'une
de leurs œuvres souterraines. Invariablement,
leurs passeports émanent de Suisse ou de
Hollande, mais leur acte de nationalité, tout
neuf, sorti des presses, rappelle je ne sais
comment les pièces fausses et trop luisantes...
Suspects!... L'officier descend dans leur cabine; tout ce qu'il trouve dans les valises, les
malles de voyage, dénote l'innocence et la sin-
cérité. Mais une odeur étrange donne la nausée.
Elle ne se définit pas : qui l'a sentie reconnaît
sans erreur le genre de chair dont elle émane.
Le mouchoir aux narines, on bouleverse la
couchette et l'on fouille les meubles. Sous les
matelas, derrière les lavabos, dans les plis

d'une couverture, gisent le papier, l'enveloppe ou le dossier révélateurs... Ennemis!...

Désormais, il faut conclure l'affaire avec décision, avec élégance, à la française. Investi de pouvoirs discrétionnaires sur un bâtiment neutre, l'officier visiteur est tenu à des courtoisies qui satisfassent les plus chatouilleux. Son attitude, le ton de sa voix, la qualité de ses paroles affirment, en un milieu souvent hostile, toujours ombrageux, la volonté souveraine de la patrie. L'état-major du navire, son équipage, ses passagers forment un aréopage de juges sarcastiques, de témoins libres qui dauberaient aux quatre coins du monde sur la moindre maladresse. Enfin, nous avons la coquetterie de ne point imiter les goujateries de nos adversaires.

L'officier visiteur s'arrête en face de l'Allemand, l'interpelle par son nom, pose un doigt léger sur sa manche ou son épaule, et dit sans élever la voix :

— Je vous fais prisonnier. Suivez mon matelot qui va prendre vos bagages et vous conduire dans la baleinière.

Les cris, les éclats de colère, les insultes ne doivent point émouvoir. On n'ajoute rien. Ce qui est dit est dit. Tout au plus, si la scène devient pénible, l'officier se tourne vers le capitaine.

— Commandant, je vous enjoins d'user de vos pouvoirs pour obliger monsieur à me suivre. Sinon, je serai contraint d'user de la force. J'endosse la responsabilité de l'ordre que je vous donne, et vais vous en dresser procès-verbal.

Cela suffit. Couvert devant ses armateurs et son gouvernement, le capitaine abandonne le prisonnier à son sort et active le transport de ses hardes. Penaud, maté, le Germain pris au piège proteste. Mais le matelot fidèle le saisit déjà et l'expédie, peut-être sans ménagements, vers la baleinière. L'auditoire commente. Les kodaks fonctionnent de plus belle. Quelques mains applaudissent, quelques mécontents murmurent. Le cercle s'ouvre avec déférence devant l'officier qui, sur le journal de bord, copie les formules consacrées à la visite, en relate les péripéties, dégage le commandant, et signe cette déposition qui courra les chancelleries.

Alors, alors seulement, toutes affaires réglées, il acceptera peut-être une cigarette, une liasse de journaux ou une tasse de café. Pendant que les bagages du prisonnier dégringolent tant bien que mal au fond de la baleinière, l'officier fait quelques pas sur le pont. La cohue des passagers se précipite vers sa personne humanisée. « Les nouvelles! Les nouvelles! » supplient toutes les voix. Il répète les radiogrammes de la Tour Eiffel, du Poldhu, et se garde de rien commenter. Par enchantement, les misses, les donnas et les senoras, de toutes nations et de beautés diverses, glissent sous sa main un crayon, des albums, des cartes postales. Il se défend. On l'implore avec des mines ensorceleuses. Ne faut-il point céder? Fébrilement, il paraphe, signe, date les cartons et les bristols. On lui promet des photographies — qu'il ne recevra jamais. Des ciseaux sournois coupent un bouton de sa redingote — pour le monter en épingle à chapeau. Des ménages l'invitent en Ukraine, en Californie ou à Buenos-Aires — après la guerre.

Enfin, le matelot d'escorte revient :

— Paré! dit-il en saluant.

L'officier fend la presse, enjambe le bastingage, recommence sa voltige de descente. Sur le banc de la baleinière, son prisonnier, tout à fait silencieux, tient le moins de place possible.

— Vous pouvez continuer votre route!

crie le visiteur au capitaine qui attend sa libération.

On l'interpelle, on lui dit au revoir; des écharpes, des mouchoirs s'agitent, mais il est déjà parti dans le creux des lames, essuie les embruns qui lui fouettent le visage, et lance de la casquette un grand salut d'adieu à tous ces passants qu'il ne reverra plus.

Dix minutes plus tard, la baleinière est hissée à bord, prisonnier compris. L'officier rend compte à son commandant et rédige sur-le-champ son rapport. Le croiseur s'ébranle et pique à l'ouest, le paquebot s'éloigne dans le sud, et bientôt l'un ne verra plus que la fumée de l'autre. Pendant quelques heures, nous rôdons encore, en attendant que recommence la même cérémonie. Cinq ou six fois par jour, nous arrêtons, visitons, laissons passer ou montrons les dents. Il est des aventures amusantes, d'autres dramatiques; pour quelques visites fructueuses, combien demeurent stériles! Hier au combat, toujours à l'affût, bête traquée et douanier de haute mer, marchant sans répit et jamais dans les ports, tel est le destin des croiseurs. Qui de nous s'attendait à cette guerre-là? Personne, je le jure.

Au nord de Corfou, 30 octobre.

Ne venons-nous pas de faire un rêve?

Pendant quelques jours, — non, je dois me tromper, pendant quelques heures, — le *Waldeck-Rousseau* est resté immobile au port de Malte, et nos semelles ont pu fouler de la terre, du sable, des trottoirs. Cinquante-trois jours de mer nous avaient persuadés que tout est mouvant en ce monde. Il faut être marin pour goûter la volupté des rivages.

Mais c'était bien un rêve. La nuit présente nous retrouve déjà sur les sentiers de police, entre la côte d'Épire et Corfou. Notre barrage est bref, nous allons à toute petite allure, les hélices somnolent presque, et pendant ma veille de dix heures du soir à deux heures du matin, le croiseur a vogué dans des ombres magnifiques.

Cette mer est trop belle. Attentive à consoler notre exil par des caresses féminines, elle nous offre d'heure en heure un visage délicieux et nouveau. Aux moments d'alerte et d'angoisse elle réussit à nous pénétrer de son aisance molle. Mais aujourd'hui, loin des côtes autrichiennes, toutes choses paraissent clémentes, et le marin peut s'abandonner à la magie des ténèbres. Nul bruit, nul souffle, des minutes bienheureuses. La nature ne sommeille jamais si bien que sur les flots endormis, et les mots les plus étouffés sont trop bruyants pour exprimer ce silence. La mer s'ouvre avec langueur à notre étrave et nous accompagne, amoureuse pour ainsi dire, de ses bras fluides qui s'étirent tendrement le long de notre carène. Les reflets des étoiles, qui d'ordinaire se balancent sans trêve sur les rides de l'eau, y demeurent immobiles comme des clous de lumière. La côte se mire dans l'élément noir, si parfaitement renversée que la terre et son image semblent découpés sur un même bloc. L'Épire, Corfou et Merlera nous entourent d'un cercle immense, presque aussi clos qu'un lac. Mais ce lac est rempli d'une eau limpide errant des plages d'hier aux falaises de demain.

Élargis par l'air diaphane, les astres semblent descendus plus près de nous; la lune ne trouble pas les plaisirs de l'ombre. L'étoile Sirius monte au ciel, détachée soudain des montagnes ainsi qu'une fusée lente. Elle est ronde comme un fruit céleste, et les phares côtiers s'obscurcissent devant cette reine de notre ciel.

Sur le versant balkanique, à mi-flanc de montagne, s'allume une clarté rouge. Il ne faut point de longs regards pour deviner un incendie : dans quelque vallon bien pauvre, un pauvre village brûle et meurt. Est-il albanais, grec ou épirote? La torche de quelques bandits a jeté l'étincelle dans la première grange du sentier; les chaumes, les murs de torchis, les logis obscurs se résolvent en tourbillons, et les étoiles sont salies par les pinceaux de la fumée. Des troupeaux, là-bas, beuglent et bêlent à la flamme; des mères échevelées emportent leurs nourrissons; les hommes chargent leur fusil et lâchent les chiens. Demain, par représailles, un autre hameau flambera.

Nous sommes si loin, si perdus dans le noir, que ce brasier sinistre n'émeut point. Comment plaindre ou maudire, quand la distance étouffe les clameurs? Comment aussi n'être pas ramené de force à l'obsession de la guerre que la mer, le ciel et les étoiles avaient chassé du présent? Ces flammes lointaines ne sont-elles pas allumées par l'incendiaire de Berlin, et ne présagent-elles pas la traînée du meurtre qui bientôt ensanglantera l'Orient?

Mais en cette nuit-ci je ne veux pas m'abandonner aux tristesses. Je veux glisser complètement dans le noir somptueux et lui demander le calme nécessaire aux alertes prochaines. Avant l'aube, un velours de fraîcheur se traîne et chasse la fatigue insidieuse. Cette fraîcheur des fins de nuits semble figer encore plus la surface de l'onde, où s'enfoncent les reflets des astres, droits, infinis, blancs comme des cierges. Scintillant au-dessus de chaque cierge, chaque étoile évoque la flamme qui tremble autour des autels chrétiens, au crépuscule, quand le pénitent attardé ne distingue point la mèche obscure entre la cire et la flamme. Le croiseur se meut parmi les colonnes irréelles du temple adriatique.

Ce temple n'a point de voûte, d'orgues ni de parvis. Les chandeliers y brûlent depuis la première respiration des choses. Le tabernacle, c'est l'immensité où se balancent les éléments divins. L'architecte sans nom, c'est le grand Dieu qui près de son trône a semé les étoiles afin que les pauvres regards des hommes s'élèvent jusqu'à lui.

Dans les îles autrichiennes, 2 novembre.

C'est l'aube. Nous faisons route en ligne de file vers les îles autrichiennes. De croiseur à croiseur, les coqs s'appellent et se répondent. Le pépiement de nos basses-cours accompagne leur chant clair, qui salue l'aurore. Dans l'air frais meuglent et bêlent les bœufs mélancoliques, les moutons indisciplinés, dont chacun de nos repas réduit le nombre. Vers les officiers de quart monte l'arome champêtre issu du poulailler, du fumier des bestiaux, du foin qui les nourrit, et l'espace liquide est parcouru par les bruits d'un réveil agreste. Aux préoccupations de la veille, le trésor des souvenirs ajoute une nostalgie ; l'on voudrait se croire dans quelque demeure champêtre, ceinte de prairies et de bois, et l'on voudrait fermer les yeux pour que rien ne détruise ce rêve.

Mais l'onde verdissante forme notre prairie et les îles dalmates, qui sortent de la brume, sont les bocages de notre horizon. Les trois grands croiseurs à six cheminées sont en haute Adriatique, aux approches de Lissa, bastion des Autrichiens sur la mer où nous voguons sans obstacle. Plus au sud, vers les îlots de Lagosta ou de Pélagosa, les escadres cuirassées marchent à petite vitesse. Une fois encore, la dixième ou la vingtième, nous ne savons plus, l'armée navale française émerge de l'aube au milieu des terres ennemies et offre le cartel que l'on ne veut point accepter.

A toute petite distance, Lissa s'éveille sous nos yeux. Des pentes agréables et boisées revêtent cet îlot; une ville minuscule, son chef-lieu, entoure un port aux eaux tranquilles. Nous n'avons pas besoin de nos jumelles pour compter les maisons ni les fenêtres; les gens qui sortent dans les rues lèvent à notre aspect de grands bras vers le ciel et rentrent derrière leur huis, qu'ils barricadent. Le ruban d'eau qui nous sépare de cette rive n'est guère plus large qu'un fleuve et, sans viser, nos canons pulvériseraient demeures et habitants. A notre place, les Allemands s'assureraient un triomphe grandiose que leurs gazettes célébreraient dans le catalogue des victoires germaniques. Mais les Français sont incorrigibles; ils n'apprendront jamais ces illustres méthodes et n'assassineront point les cités ni les hommes sans défense. Qu'on en pense ce que l'on voudra, notre évangile ne contient pas ce précepte.

Deux escadrilles de contre-torpilleurs accompagnent notre division et manifestent notre présence par des ravages permis. Le phare de Lissa peut aider les navigations nocturnes des Autrichiens ; le câble télégraphique peut transmettre aux arsenaux les mouvements des flottes françaises : nos contre-torpilleurs ne manquent point de détruire ces instruments de combat. Leur canon tonne contre le phare, leurs dragues cherchent le câble au fond de l'eau. Pour mieux souligner notre aisance à nous mouvoir chez nos ennemis, les petits bâtiments français pénètrent dans le port de Lissa et s'y prélassent. Le peuple de pêcheurs et de caboteurs s'épouvante ; nul n'attend de merci et tous offrent leur âme à Dieu. Du haut de la passerelle, les officiers des croiseurs surveillent cet affolement ; ils voient des théories d'habitants qui s'enfuient dans la campagne, où nos canons pourraient les clouer comme des mouches sur un mur. Tout cela fait sourire. Nos matelots lavent tranquillement leur linge ou bavardent avec gaîté. Aussi bien que leurs chefs, ils goûtent le délice de cette matinée calme, devant une île pleine de soleil et de frayeur; leur âme généreuse ne désire pas la destruction de cette ville sans défense. Mais au fond d'eux-mêmes et dans leurs dialogues se pose une question que trois mois de guerre navale n'ont pas encore résolue : « Que faut-il donc à ces Autrichiens pour qu'ils se redressent? Ne nous offriront-ils pas la revanche de nos affronts? »

Un officier, quelques matelots des contre-torpilleurs mettent pied à terre. La population se fait humble et suppliante. On lui demande le nom, l'adresse des deux principaux notables de l'île, et sur-le-champ ces deux notables sont connus. Point de menaces ni de revolver. Chaque événement se passe avec élégance. Les deux notables, amenés devant le chef du détachement français, tremblent d'abord; la fermeté courtoise du marin qui peut tout les rassure, les conquiert. Quand on leur annonce que l'armée navale les retient comme otages, ils n'ont point peur de se livrer à la bonne foi de ces hommes qui ne mésusent pas des droits de la guerre. Quand on exige de Lissa une contribution de vingt-cinq mille francs, ils la donnent eux-mêmes, en espèces trébuchantes, convaincus que cet or n'ira point dans des poches de détrousseurs. Quand on les invite à se rendre à bord des contre-torpilleurs, ils obtiennent le délai de revêtir leurs plus beaux vêtements, d'embrasser leur femme et leur famille et de transmettre à la cité l'assurance que les croiseurs ennemis ne la bombarderont point... Dans ce petit coin du monde où le hasard nous confère les redoutables pouvoirs du plus fort, quelques heures suffisent à nous rallier les âmes. Si d'aventure les traités consécutifs aux victoires françaises plantaient sur cet îlot le pavillon tricolore, il y flotterait en ami.

La matinée passe. Stoppés devant le port de Lissa, les trois croiseurs attendent que les contre-torpilleurs achèvent leur besogne à loisir. Midi sonne. Sans aucun doute, les bases autrichiennes, Cattaro, Pola et Sebenico, sont prévenues de notre présence, de notre action. Les premières heures de l'aprèsmidi s'écoulent. Aucune escadre ennemie n'approche pour relever le défi. Nos forces cuirassées, au delà de l'horizon, attendent en vain le radiogramme qui annonce que nos adversaires veuillent venger l'insulte faite à leur territoire? Est-il bien vrai que la France soit en guerre avec l'Autriche?

Le commandant des escadrilles vient rendre compte de sa mission au contre-amiral du *Waldeck-Rousseau*. Il expose la terreur des habitants de Lissa, leur humilité, la prise des deux otages, et retourne à bord de son contre-torpilleur. Notre télégraphie sans fil demande au commandant en chef des ordres supplémentaires, et soudain, émergeant du dédale des îles autrichiennes, apparaissent enfin deux colonnes de fumée. Toutes les jumelles, toutes les longues-vues se braquent vers ces ombres tant souhaitées. Les cœurs bondissent, les yeux redoutent de se méprendre... Mais non ! L'ennemi répond à l'insulte... De nombreuses mâtures gravissent l'horizon. Chacun les voit monter, et pousse un cri de joie lorsqu'en pointe une nouvelle... Cinq ! Dix ! Quinze ! Dix-huit ! Le grand Jour est venu.

Le soleil resplendit. Pas une ride ne coupe la mer. Notre contre-amiral hisse les signaux de chasse et de combat, et la division des croiseurs, les deux escadrilles de contre-torpilleurs foncent à toute vitesse sur les fumées hostiles. Nous ignorons encore la puissance, le nombre, l'artillerie de l'adversaire qui offre le combat. Qu'importe ! Le panache de ses cheminées couvre tout le nord-ouest. Il faut bondir vers la bataille. Si notre premier engagement n'est point victorieux, les radiogrammes d'appel que nous lançons aux cuirassés les feront accourir vers la victoire préparée par notre premier feu. Les clairons joyeux rappellent au branle-bas de combat; les navires de France hissent le pavois de guerre, pavillon national, tout neuf, à la pointe des deux mâts. En quelques minutes, tous les hommes courent à leur poste. Ils rient, ils chantent, ils sont fous. Mais à peine arrivés devant leurs appareils, ils rentrent dans le silence du devoir. Chauffeurs aux foyers, mécaniciens aux machines, canonniers aux pièces, ont le bras prompt, l'esprit tendu et l'œil alerte. Le long de la carène, l'écume bondit et glisse comme la route aux côtés d'une automobile. Dans le blockhaus, le commandant, les officiers de tir, l'officier de manœuvre attendent avec anxiété le moment où ils reconnaîtront l'adversaire qui s'offre à nous : ils voudraient hâter la marche du navire, mais nos hélices tournent éperdument; elles ne peuvent pas ajouter un millimètre à notre vitesse... Enfin, sur la courbe des ondes, la silhouette des ennemis se dessine.

Hélas! Ce ne sont que destroyers! Rapides

et puissants destroyers, je le veux bien, mais l'Autriche n'eût pas démérité de nous offrir des jouteurs semblables à nous-mêmes. Contentons-nous de l'aubaine. Trop de jours se sont gaspillés contre des adversaires invisibles. Ceux-là sont réels, vivants et pleins d'ardeur. Ils galopent vers nous, torpilles braquées ; nous pointons vers eux nos canons, qui ne peuvent pas encore les atteindre : la partie est égale. Comme nous, ils ont hissé le pavois de bataille, et le *Waldeck-Rousseau*, lancé sur l'eau tel un coursier de sang, entraîne ses croiseurs et ses deux escadrilles à l'aventure où quelqu'un doit mourir.

Quelques minutes passent, gonflées d'anxiété silencieuse. Les hommes enfermés dans les alvéoles des fonds tendent l'oreille pour percevoir le bruit sourd de la première salve ; ils peuvent mourir en un instant, pour peu que quelque torpille bien pointée touche le croiseur, mais ils donnent toute leur âme de bronze aux appareils et aux machines, afin qu'aucune ne défaille en cette crise merveilleuse. A travers leurs lunettes, les pointeurs des canons voient la distance s'évanouir par une sorte de miracle. Vingt mille mètres... Dix-huit mille mètres... Quinze mille... Quatorze mille. Encore deux mille mètres, et la rafale de notre artillerie s'abattra sur l'adversaire. En trois lignes parallèles, les destroyers d'Autriche jettent des torrents de fumée; ils sont soudés l'un à l'autre; chaque ligne glisse sur l'eau bleue comme un boa scintillant. A nos côtés, nos contre-torpilleurs ont serré leur distance et labourent des mottes d'écume argentées par le soleil.

Mais que voit-on là-bas! Les lignes autrichiennes s'écartent, s'infléchissent, leur tête fait une grande courbe! Est-ce possible? Ils s'en iraient! Ils refuseraient la bataille! Avec une angoisse rageuse, tous les regards veulent se tromper. C'est un jeu de soleil, une bouffée de vent qui incurve les fumées... Pas du tout. Ils ont fini leur mouvement tournant, nous montrent le dos, et ils ressemblent à trois trains qui fuient à toute allure sur trois rails d'écume.

Oh! tenir sous ses yeux la revanche de tant de semaines inutiles, et la voir se dérober juste à la limite où nos canons ne peuvent atteindre! Sentir que sous nos pieds nos gigantesques machines, qui cependant ne faiblissent point, ne peuvent plus rattraper la proie dont les jambes sont trop longues! Mesurer la distance et la sentir augmenter un peu plus à chaque seconde, comme un élastique aérien qui s'allonge! Quatorze mille mètres!

Quatorze mille cent... Quatorze mille deux cents... Ah! nous voudrions commander au flot, jeter dans l'atmosphère une bourrasque soudaine, hacher l'onde de clapotis et de houle. Nos carènes puissantes n'en iraient pas plus lentement, mais les destroyers se heurteraient à chaque crête de lame, ralentiraient, s'épuiseraient et notre fougue triompherait de leur couardise.

Ils courent vers le labyrinthe des îles Dalmates, qui grandissent devant nous comme une famille de monstres marins émergeant de l'eau. Nous poursuivons toujours. Seize mille... Dix-sept mille mètres... Peut-être un remords ou une défaillance saisiront-ils les poltrons. Mais non, leur débandade est une ruse préméditée. En haut du ciel, glissant et descendant parmi les nuages diaphanes, un avion de guerre fond vers les navires de France, les prend en enfilade, et laisse choir des bombes que seules d'habiles embardées rendent inoffensives : elles éclatent contre les carènes... A la surface de l'eau, l'un des croiseurs aperçoit le sillage d'un périscope; quelque sous-marin à l'affût a peut-être lancé ses torpilles ; notre vitesse l'aura déçu ; personne n'est touché ; on canonne au passage cette raie d'écume qui s'évanouit aussitôt. Le sous-marin s'enfuit dans les profondeurs, l'aéroplane est déjà hors de vue, et les destroyers approchent le couloir de l'archipel. Dix-huit mille mètres... Dix-neuf mille... Chaque seconde de poursuite augmente le danger, l'inutile danger sans récompense. Il devient évident que cette fuite de Parthe nous entraîne dans la zone où rôdent d'autres sous-marins, où s'embusquent d'autres avions, où sommeillent les terribles mines qui massacrent sans bouger. A quoi bon s'acharner ? Nous galopons vers une mort qui ne donnerait point de gloire à la marine ni de bénéfice à la France. L'Autriche célébrerait une victoire que n'aurait même pas achetée son courage...

Le contre-amiral fait hisser des signaux... Tandis que les destroyers autrichiens s'engouffrent dans les détroits où ils espéraient nous attirer, nos croiseurs et contre-torpilleurs décrivent vers le large une grande conversion ; l'hélice les pousse dédaigneusement loin de ces rives qui n'abritent aucun adversaire loyal. Peu à peu, des profondeurs du navire, remontent les hommes enfermés pendant le branle-bas de combat : ils n'ont rien vu, rien entendu, et se renseignent avec avidité. Les matelots du pont leur parlent tout bas. Les joues pâlissent, des poings se serrent, des lueurs de rage foncent les prunelles. Tout l'équipage morose erre silencieusement au grand air. Une mélancolie s'empare des visages, des cœurs serrés, des nerfs détendus qui semblent n'avoir plus de ressort.

Quelques heures plus tard, dans le crépuscule, nous rallions l'armée navale. Par les radiogrammes émis au cours de notre chasse, elle a suivi passionnément les péripéties de l'enthousiasme, de l'effort, du danger, de la déception. Prête à nous secourir, à bien recevoir la flotte autrichienne si celle-là était sortie, elle nous a attendus pour la nouvelle descente de l'Adriatique, infructueuse, semblable à tant d'autres.

Pendant une demi-heure, sous l'or des rayons du soleil déclinant, les escadres, les escadrilles et les divisions accomplissent les manœuvres rituelles des ralliements, des ordres de marche, des départs pour la nuit. Les lignes majestueuses et souples s'entre-croisent, se rapprochent et s'éloignent sur le champ de manœuvre liquide. Chaque mouvement est parfait.

On dirait une procession de cathédrales mouvantes. Le soir donne aux carènes des chatoiements de vitraux. La voie est parsemée de fleurs d'azur et de pourpre. Tout le long des mâtures, montent et descendent les signaux. Vers le ciel, montent les volutes de fumée. Un silence religieux plane.

La nuit tombe. Du haut de leurs îles enveloppées de brume, les Autrichiens peuvent contempler nos évolutions dédaigneuses, notre départ sans hâte. Pas un de nos mouvements ne montre d'inquiétude. Que ces tristes adversaires osent nous relancer; quel que soit l'heure de jour ou de nuit, ils trouveront matière à dialogue. Mais nous apprenons à les connaître. Paresseusement, les cuirassés, les contre-torpilleurs prennent possession de la largeur de l'Adriatique et commencent leur descente solennelle. Ce matin, les croiseurs étaient au nord, à l'avant-garde. Ce soir, déployés au sud, en avant-garde encore, ils vont consoler par leur vigilance leurs regrets de l'après-midi.

Au large de Bari, 3 novembre,
4 heures du matin.

Dieu merci, j'étais de veille pendant les heures sombres de la nuit. Je n'aurais pu m'abandonner au sommeil. La déconvenue d'hier me donnait toute l'exaltation que n'avait point épuisée la bataille réelle, et mille idées sans lien bourdonnaient derrière mon front. Maintenant encore, après quatre heures de veille échelonnées d'alertes, je ne peux sur ma couchette trouver un instant de repos. Je me relève et viens causer avec le confident toujours dispos, le cahier qui reçoit l'aveu de toutes mes humeurs. Peut-être, après cette conversation sans réponse, mon esprit devenu plus calme s'oubliera-t-il dans le sommeil. Ce n'est pas certain. Nous ne savons plus comment on fait pour dormir.

Heureux les soldats qui sur la terre solide affrontent un adversaire présent! Qu'il se cache ou se montre, l'assaut ne tarde pas à venir. Ils s'élancent, chantent et hurlent; leurs bras poussent la baïonnette, leurs dents mordent et leurs pieds foulent. Au moment de tuer, il est délicieux de devenir une bête, de ne plus penser, d'essuyer d'un même geste la sueur de son front et le sang des blessures... Les marins s'épuisent dans une attente sans paroles. Plus ils agissent, plus profond est leur silence. Le voisinage de la mort en fait des machines de précision.

Heureux les soldats qui saluent en courant leur ennemi tombé! Ils l'ont vu venir. Leur court duel se termine par l'ivresse de la victoire ou le repos de la mort... Nos longs cheminements sont des pas furtifs dans le temple des fantômes. Ceux qui nous veulent assassiner rampent au sein des ombres liquides. Ceux qui nous défient refusent la bataille et nous attirent dans les traquenards de l'onde.

La nuit se traîne sur l'Adriatique. Rien ne semble vivre que notre rêve. Accoudés aux rambardes, les yeux perdus sur l'immensité, les officiers des croiseurs observent un mutisme douloureux. Près de leurs pièces, immobiles comme des statues sculptées avec de l'ombre, les canonniers moroses ouvrent en vain les yeux et réfléchissent aux désillusions d'hier. Un magnifique orage s'amuse au firmament. Des farfadets de lumière sautant de l'Italie en

Autriche font des ballets atmosphériques ; pas un coup de tonnerre ne retentit, l'espace s'allume et s'éteint ; les éclairs vont et viennent sans arrêt, comme les clins d'œil d'un géant magnétique. Noir et blanc, blanc et noir, le *Waldeck-Rousseau* glisse dans une émulsion fulgurante. Y a-t-il des ennemis ? La mer est-elle sûre ? Comment nos yeux le sauraient-ils, qui passent d'une illumination plus blanche que le soleil à une opacité plus noire que le néant ? Chaque secousse électrique est un glissement d'archet sur nos nerfs triplement tendus. Un reflet sur l'eau prend forme de contre-torpilleur ; le trait droit de l'éclair jaillit comme une fusée ennemie ; l'ombre a l'épaisseur, la consistance et presque l'odeur d'une fumée d'un navire nuisible.

O lutins de l'atmosphère, comme vous jouez avec les matelots ! Là-bas, vers le nord, les veilleurs des cuirassés ont senti leur cœur se remplir et se vider à chaque fantaisie de vos éblouissements. Mais nous, qui précédons et protégeons les escadres, nous les croiseurs, quelles n'étaient pas nos inquiétudes ! Hier, l'Autriche nous a vus. Elle a refusé le combat du grand air. Cette nuit, nous en sommes sûrs, nous le devinons dans notre prescience, elle a dépêché les atroces sous-marins. Ils barrent l'Adriatique et nous guettent. Quand tomberons-nous entre leurs griffes : dans une minute, une heure ou une journée? Chaque éclair nous illumine comme des spectres, mais ils sont enfouis dans l'onde noire. Que ce soit ce croiseur-ci ou le voisin, ou l'un des beaux cuirassés qui se fient à nos regards, nous sentons que nos yeux se perdent dans un océan de duperies.

Aux premières heures du matin, un radiogramme venu de Malte est traduit par un enseigne. Ce radiogramme, à travers je ne sais combien de câbles, apporte des nouvelles du Pacifique. Sous la grande ombre de la Cordillère des Andes, devant Coronel, trois croiseurs anglais se sont engloutis dans le crépuscule chilien. Contre des navires plus puissants, ils se sont débattus, mais le canon germain a eu raison de leur valeur... Il y a douze ans, du haut des cimes américaines, j'ai contemplé le cirque infini où vient de se jouer cette passe d'armes. Voici quelques années, pendant une croisière de Chine, mes semelles ont foulé le métal des mêmes bâtiments britanniques. Je me rappelle leur allure ; quelques visages qui

m'ont souri dorment sans doute là-bas sur le
linceul des madrépores ; entre les doigts qui
ont pressé les miens s'enroulent les herbes
obscures, dernier vêtement des matelots. Heureux ces navires ! Heureux les noyés de la bataille de Coronel ! Plus tard, dans quelques
semaines, nous connaîtrons les épisodes de
leur fin grandiose. Dès maintenant, je les
envie, car ils ont rempli leur destin. Leur pavillon déchiré n'a pas lui vainement au soleil ;
ils ont frappé, ils ont péri, leurs yeux ont
emporté dans les ondes le mirage de la poudre ;
leur mort transmet un héritage de vengeance
dont tous les marins britanniques sont les lé-
gataires.

Pourquoi, dans l'Adriatique, le sort oppose-
t-il à notre armée navale des félons qui se
dérobent ? Certes, je hais les Allemands, mais
on les trouve quand on les cherche. Il nous
faudrait des pioches et des râteaux pour arracher du fond de l'abîme les seuls adversaires
que l'Autriche nous décoche. Nos soutes sont
pleines, nos machines trépident, nos canons
allongent leur gueule, mais dans l'Adriatique
déserte ne rampent que des sous-marins.

Éclairs silencieux, lueurs et ombres alternatives, brûlures des paupières : les quatre

heures de veille se sont écoulées. Mes yeux se plantaient dans le noir ; mes rêves à chaque minute faisaient le tour de la terre. Le cortège des souvenirs accompagnait l'orage. Parfums d'Indo-Chine, théâtres parisiens, négresses de la Guadeloupe, cyclones de Madagascar, idylles de l'Ouest et tragédies de l'Est, nostalgies tropicales et campagne d'Angleterre, la procession du passé glissait au milieu de ma veille. Souriante, mystique et presque évanouie, elle accourait à l'appel de la fatigue nerveuse. Elle voltigeait sur la passerelle, compagne de ma solitude. Autour de tous mes camarades, de tous les officiers, devenus comme moi les ermites de l'onde, se pressent également les phalanges irréelles du passé ; nous ne les appelons pas ; elles accourent, font un quadrille, cèdent la place à d'autres, et le train de nos songes est plus mobile que le flot. Mais le devoir n'y perd rien. La ronde des souvenirs ne détourne point nos yeux, nos oreilles de la surface des ondes. Que l'occasion vienne, d'un coup d'épaule nous éparpillerons les souvenirs et ferons les gestes qui sauvent.

Aux fraîcheurs de la première aube, l'haleine de la brise calma cette fièvre. Sur l'échelle de la mémoire, mon esprit s'arrêta au dernier gradin. Il s'y reposa, et pendant la fin du quart je me retrouvai dans un jardin de Malte. Selon le calendrier, cet épisode date de huit jours, mais il me semble que notre existence le rejette dans l'extrême passé.

Au milieu des roches arides de Malte, c'est un jardin clos de hautes murailles. Des allées de gravier coupent les parterres d'humus noir, importé de Sicile. Sur le terreau, s'épanouissent les fleurs les plus rares que le soleil puisse embellir. L'Europe ne les connaît point, l'Asie et l'Amérique les nourrissent jalousement; certains archipels du Sud engendrent seuls des corolles qu'on respire en ce jardin, mais l'art des hommes les a fait vivre dans Malte.

Des tonnelles abritent quelques bancs de pierre vétuste. Par endroits, des arceaux parfumés frôlent la tête du rêveur. Comme c'est un lieu de calme et de beauté souveraine, les humains n'y fréquentent pas. Tous les soirs, avant de revenir aux rues tumultueuses de Malte, j'y vivais quelques heures solitaires en compagnie des fleurs. Les jardiniers gênaient seuls ma rêverie, mais ils me connaissent déjà. Au troisième crépuscule, l'un m'offrit le bouquet qui embaume encore ma cabine, et il refusa l'obole de ma gratitude.

Ce soir-là, je me dirigeai vers le terme de ma promenade : un bassin au rebord de pierre où deux vasques déversent une eau verte. Les reflets du crépuscule s'y décomposent et les parfums qui s'y attardent sont ensorceleurs. Deux cygnes blancs voguent sur cette mer réduite ; ils savent que jamais leur prison ne s'élargira et ne meuvent point les palettes de leurs pattes ; leurs ailes éblouissantes, rosées par le soleil qui décline, s'ouvrent comme une voilure aux souffles du zéphyr, et ils vont tout doucement, avec des souplesses de cou, pour humer, semble-t-il, ce qu'il y a de plus exquis dans les mortelles douceurs du soir.

Un petit chien, fauve et soyeux, courait autour du bassin ; il aboyait aux cygnes quand les cygnes côtoyaient le bord ; il aboyait à leur dédain quand leur cou flexible se dirigeait vers le centre. Sur un banc, une femme vêtue de mauve lisait un livre ; la page tournait lentement ; il n'y avait dans l'atmosphère que des vestiges de clarté. Quand cette femme levait vers le chien ses regards attentifs, elle montrait un masque douloureux et des yeux lourds de passion.

Incommodé par ces voisinages, je m'assis pourtant et m'abandonnai aux sortilèges des couleurs, des parfums, de la journée expirante. La douleur se console par un excès de douleur, et l'exil ne trouve de joie que dans un excès d'exil. Seul entre l'infini du passé et l'infini de l'avenir, je me trouvais bien.

La mer, la guerre, le pourquoi et le comment s'évaporaient dans l'arome du jardin. Mes pensées flottaient, sans support, comme l'émanation des fleurs qui se hâtaient de sentir bon avant de s'assoupir. Et le petit chien fauve, agacé par le jeu des cygnes, fit un bond vers le plus proche. Il tomba dans l'eau. Ses pattes actives le firent tournoyer sur place ; ses ongles patinèrent au rebord glissant du bassin ; ne pouvant remonter, il se plaignit languissamment, et je m'en fus le repêcher par ses oreilles soyeuses. Il s'ébroua, me fit l'honneur d'inonder mes chaussures, et la dame vêtue de mauve se leva pour me remercier.

Qui se souvient jamais des paroles prononcées dans le crépuscule ? Elle parlait la douce langue d'Italie, et je répondis par des solécismes harmonieux. Pourquoi, revenant vers Malte à ses côtés, oubliai-je le ramage de

France pour celui du Dante et d'Annunzio ? Le petit chien fauve suivait. J'appris qu'il s'appelle Jimmino.

Des yeux profonds, un visage qui n'était point joli, et que je comprenais plus beau que la beauté, se levaient par instant vers moi. Tous deux nous cheminions, courbés sous de grandes fatigues. Nos paroles étaient vagues, et chacune cependant trouvait son chemin. Je connais ma fatigue : quelle était celle de cette femme au visage tragique? Nous ne nous sommes point dit nos secrets, et il m'a semblé que l'un pour l'autre nous n'avions plus de secrets. Elle était vêtue dans la perfection, avec des étoffes rares et simples. Ses bijoux étaient purs. La nuit nous enveloppait quand nous parvînmes aux portes de la ville, et il faut demander à la route les choses que nous nous sommes dites. Je ne me les rappelle pas. Sous une lampe électrique, nous nous serrâmes la main dans la rue ; ses yeux envahissaient son visage très pâle, et je crus que ses doigts tremblaient... Quelle est cette passante que peut-être je ne reverrai plus, et prendra-t-elle sa place dans la cohorte des ombres qui peuplent la vie du marin? Je ne sais pas son nom.

Sur la passerelle, mon successeur au quart vint me remplacer.

— Vitesse, douze nœuds, lui dis-je... Route au sud. Nous avons passé le feu de Bari... Hausse des canons : quinze cents mètres... Dérive : quarante-quatre et cinquante-six... Léger vent de sud-ouest... Orage continu sur tout l'horizon... Rien en vue... Bon quart !

Et je suis descendu dans ma cabine. Peut-être, après deux heures de confession sur le papier, trouverai-je l'oubli de ce chaos où se balancent mes rêves. J'en doute. Mais il faut dormir, puisque je reprends la veille dans six heures, et la folle du logis ne doit point affaiblir le corps.

3 novembre, 4 heures du soir.

Eh bien, non ! le sommeil n'est pas venu ce matin et il s'en est fallu de bien peu que tous ces rêves ne finissent dans un cauchemar mortel.

Après quelques heures de repos inquiet, je dus me lever, faire une toilette sommaire, et me nourrir rapidement de je ne sais quels mets, avalés en hâte pour reprendre la veille.

Au milieu du jour, je me retrouvai sur la passerelle, quittée peu d'heures auparavant parmi les ombres. Un joli soleil argentait l'étendue. Les trois croiseurs, en grand déploiement, continuaient leur course vers le sud de l'Adriatique; derrière, à peu près invisibles, les fumées de l'armée navale formaient à l'horizon une chevelure noire. A bord, la sieste endormait quiconque n'était point de quart. Chacun se consolait dans le sommeil des désillusions du jour précédent, mais quelques dizaines de regards observaient la mer très calme. De légères écumes, paresseuses comme des plumes d'oiseau, se poursuivaient de-ci, de-là, sur l'onde bleue. L'*Ernest-Renan*, à quelques milliers de mètres, suivait une route parallèle.

Quelque chose de très blanc parut soudain dans les raies d'écumes. Ma jumelle aussitôt suivit cette ride de l'onde; on aurait dit un jet de vapeur, glissant au ras de l'eau. J'hésitai quelques secondes. La nageoire d'un marsouin naviguant en surface me décevait peut-être. Le souvenir des exercices du temps de paix me remit dans les yeux le sillage d'un périscope, et je n'hésitai plus.

— Alerte! A gauche toute! Hausse, huit

cents mètres ! Dérive, quarante ! Les trois machines en avant à toute vitesse ! Fermez les portes étanches ! Commencez le feu !

Le croiseur bondit. Dans les fonds, les hommes de quart ferment les portes étanches ! La bordée d'artillerie part. Les obus tombent autour de la tache blanche et mouvante. Ils y éclatent comme des boules de neige friable sur un mur bleu. Tous les hommes réveillés de leur sieste, tous les officiers montent sur le pont. A quelques mètres de notre carène, passe le trait floconneux d'une torpille lancée. Elle nous a manqués, mais un gros obus de 194, lancé par une de nos tourelles, éclate juste au-dessus du périscope. Il laboure l'eau, la fait jaillir ; la tige du périscope monte, descend, remonte, redescend, ainsi qu'un animal blessé qui se soulève et retombe. Et puis on ne voit plus rien. L'onde bleue ne montre plus que son indolence habituelle. Franchissant l'espace, une rafale de hourras nous vient de l'*Ernest-Renan* : il a vu l'obus déchirer la mer, et il juge que les éclats en ont crevé le sous-marin.

Nous allons vite, si vite, qu'en très peu de secondes le croiseur est bien loin de l'endroit mortel. Les canons tournent et suivent, prêts à tirer encore, mais rien ne paraît plus.

— Cessez le feu! Alerte terminée! Ouvrez les portes étanches! Revenir en route! Les trois machines à soixante tours!

En quelques secondes, le croiseur reprend sa veille. Il vient de prouver qu'on ne le prend point au dépourvu, et tout retombe dans cette apparente somnolence aux yeux grands ouverts. Ai-je coulé un sous-marin d'Autriche? Je n'en saurai sans doute jamais rien. Ennemi décevant, qui se cache pour frapper et se cache pour mourir! A tout le moins, celui-là n'attaquera pas les cuirassés précieux qui nous suivent.

Dans l'est, quelques instants plus tard, un croiseur à quatre cheminées, le *Jules-Ferry*, qui éclaire l'armée de l'autre côté de l'horizon, signale qu'une torpille issue d'un sous-marin invisible est passée à quelques mètres de sa coque. Ils étaient donc au moins deux, les adversaires qu'on ne voit pas, et ce sont les croiseurs qui ont déjoué leur tentative. Le commandant en chef peut descendre sans crainte le chemin que nous venons de balayer.

Qu'éprouve-t-on, lorsqu'en moins d'une minute, on a senti qu'un croiseur, cinquante millions de matériel et un millier d'hommes, ont pu survivre ou mourir selon la promptitude d'un ordre et la lucidité d'une manœuvre. Je n'en sais rien, et tous ceux qui dans cette guerre auront connu les grandes responsabilités comprendront ce que je veux dire. Un peu plus tard, il me semble que l'on a peur du péril passé. Il se présente sous des couleurs effrayantes, que l'on ne voyait point au moment de l'action. Le courage est chose facile ; il suffit de sortir de soi-même, de penser à autrui, et tout devient très simple. Ensuite, on est très fatigué. Hier, après la désillusion, je redoutais de ne pas dormir. Aujourd'hui, après le risque, je suis bien sûr d'éviter l'insomnie. Les fantômes du passé ne frapperont point à la porte de ma mémoire, car je viens de vivre une grande minute de mon existence. J'ai peut-être sauvé le *Waldeck-Rousseau*.

Canal d'Otrante, 11 novembre.

Au large ou près des côtes, dans un havre tranquille ou sur une rade battue par les vents, un navire charbonnier accoste le *Waldeck-Rousseau*. Pendant quelques heures, des centaines de tonnes de houille passent du premier au second ; après tant de journées de veille, de fatigue, de coups de feu devant les foyers, tel est le repos que goûtent nos équipages. Cela se passe près de Corfou, ou devant Paxo, ou dans telle crique d'Épire. Chaque semaine, nos chaudières insatiables réclament mille tonnes de charbon ; chaque semaine, nous allons les brûler dans nos promenades inutiles sur les eaux adriatiques.

Depuis l'aube jusqu'au crépuscule, nos matelots remplissent des sacs au fond des cales du charbonnier ; leurs pelles et leurs pioches s'évertuent au sein de la matière noire ; des treuils soulèvent les grappes de sacs, les déversent sur le pont du croiseur ; là, d'autres équipes s'emparent des charges, les descendent par des glissières jusqu'aux entrailles du *Waldeck*, les traînent à force de bras dans le labyrinthe des coursives et des couloirs, les conduisent aux gueules béantes des soutes ; au bord des soutes, deux hommes au biceps contracté chavirent d'un coup les cent kilos de charbon, qui s'écroulent dans les ténèbres au milieu d'un épanouissement de poussière aveuglante ; accroupis au fond des soutes, d'autres marins reçoivent en plein corps cette avalanche obscure, répétée de minute en minute ; ils la canalisent, la tassent dans les coins libres, et, trébuchant sur les tas de charbon, les yeux brûlés par le goudron, la bouche empoisonnée de suie, préparent le chemin aux nouveaux torrents qui vont venir.

On se croirait dans une caverne de l'enfer. Autour du croiseur et du charbonnier, une auréole opaque salit l'atmosphère. Liés l'un à l'autre par des amarres solides, les deux bâtiments errent sous la houle ou la brise comme deux cygnes noirs et jumelés ; dans les ponts et les batteries, on n'entrevoit que formes sombres qui se meuvent avec des gestes mous ; les pieds nus parcourent à pas feutrés le tapis de charbon répandu sur l'acier ; les lampes électriques, revêtues d'une pellicule noire, jettent une lumière falote et un peu sinistre ; attelés aux sacs pesants, des êtres passent, genoux ployés, bras distendus, prunelles et dents blanches dans un masque de nègre qui transpire ; ils halètent ; ils soufflent ; ils souffrent. Leurs muscles endoloris par cette besogne de cheval demandent grâce. Et cependant ils chantent. Au moment où le nuage est le plus dense, l'odeur plus âcre et la lumière plus livide, une voix jeune et enrouée surgit des ténèbres. Elle essaie les premiers vers de quelque chanson joyeuse : « Les jeunes filles de la Rochelle ! » « La reine Pomaré ! » « L'alouette grise ! » A droite, à gauche, en haut et en bas, des choristes invisibles répondent ; les coulisses du charbon s'animent ; à travers les cloisons d'acier, un baryton noyé de poussière marie son chant rauque à celui du ténor armé de la pioche. Et dans l'immense dédale des soutes, des batteries et des corridors, circule une mélopée à la fois déchirante et joyeuse, un souvenir de la France des jours pacifiques. Il n'y a pas de chef d'orchestre ni de métronome, mais tout est juste, bien cadencé : le croiseur vibre à l'unisson.

La chanson finie, on n'entend pour quelques minutes que des souffles et des piétinements indistincts. Sac par sac, les tonnes de charbon garnissent les soutes, et la pluie monotone accompagne cet interminable labeur.

Car la nature commence à s'assombrir. Les grands jours de mauvais temps ne sont pas encore survenus, mais le ciel s'essaie aux mélancolies d'hiver, le zéphyr par moments cède la place à la bise, et nous connaissons des heures aigres. Les charbonnages sont alors d'une indicible tristesse ; notre beau croiseur se revêt d'une carapace poisseuse, qui traîne sur sa coque ainsi qu'un manteau de deuil ; les volutes des cheminées se mêlent aux bouffées de charbon, que le vent et la pluie plaquent sur les canons, les cordages, l'épiderme. Des flots de désespoir semblent descendre des nuages.

Pour dissiper ces mauvaises impressions, nous allons converser avec le capitaine, les officiers du navire qui nous porte le charbon. Ils viennent de Cardiff ou de Newcastle, ils ont fréquenté les ports d'Angleterre et de France, vu nos camarades de France ou les escadres britanniques ; ils nous portent les nouvelles du vaste monde. Nous les écoutons passionnément. Eux aussi appartiennent à la grande confrérie des navigateurs, et les contes qu'ils nous disent sont semblables à l'odyssée que nous vivons. Là haut, tout là-haut, de la Norvège à l'Écosse, des croiseurs anglais mènent la veille infatigable, et ils sont bien plus malheureux que nous, car la mer y est sinistre. Autour de l'Angleterre, sans arrêt, sans répit, par des tempêtes terribles, les contre-torpilleurs alliés rôdent indéfiniment ; coiffés d'écume, labourant l'embrun, ils luttent avec l'eau sans rencontrer d'autre ennemi ; et la flotte de l'amiral Jellicoe se morfond comme notre armée navale! Honteux et pusillanime, l'adversaire allemand se cache, de même qu'ici se terre l'Autrichien. Les fiers descendants de Nelson attendaient un nouveau Trafalgar, et la prudence germaine ne leur oppose que des ennemis occultes, des sous-marins. Quant à nos frères de France, les contre-torpilleurs et les croiseurs atlantiques, ils font de Calais à Brest des parcours sans aventures; convoyeurs de transports, policiers des ondes, douaniers de la grande contrebande, ils n'éprouvent même pas les frissons des randonnées adriatiques. Plus obscure que la nôtre, leur tâche est encore plus ingrate. Et puisque le bonheur de l'homme se mesure à l'infortune d'autrui, nous nous trouvons heureux, en Adriatique, malgré nos désillusions et notre exil.

Mais le jour tombe. Le capitaine du bateau charbonnier nous offre les derniers journaux, nous lui passons les derniers radiogrammes, et il faut se séparer. Que le charbon soit terminé ou non, le croiseur ne reste jamais immobile pendant la nuit. On largue les amarres; les hélices tournent; l'équipage caraçonné de charbon va reposer ses membres exténués dans l'épuisant labeur des chaudières, des machines et de la veille, et le croiseur, pour la durée des heures nocturnes, fait cent ou cent cinquante milles de croisière. Mer calme ou tourmentée, ciel clair ou pluvieux, rien n'y fait. Les hommes et les officiers observent la même vigilance qu'hier et que demain ; tout navire aperçu est chassé, arrêté, visité ; il n'y a pas de fatigue ni de sommeil qui tienne ; on marche encore, on marche toujours.

Et si les mille tonnes, les douze cents tonnes de charbon nécessaires n'ont pas été prises en un seul jour, on retourne le lendemain près du charbonnier. Le rendez-vous n'est pas au même point, mais dans une rade ou un golfe tout à faits distants, de peur que l'ennemi renseigné ne nous dépêche quelque sous-marin pendant que nous sommes presque sans défense. En toute hâte, l'on complète les vides du charbon ; les soutes se remplissent jusqu'à la gueule, les matelots trouvent le courage d'oublier leur lassitude dans un suprême effort, et l'on repart enfin pour huit ou dix jours, pour la joie des émotions en Adriatique, pour les hasards de la mer et de la torpille.

Toute chose est imprégnée de charbon. Il n'existe point de barrière ni de filtre contre ce microbe. Les lavages à grande eau, la brosse et le grattage ne le chassent point de ses repaires. Dans notre nourriture, les dents rencontrent des grumeaux qui craquent; nos cheveux sont souillés d'un cosmétique noir, et les plis de notre linge le plus blanc recèlent de petites provisions de suie... Notre linge le plus blanc! Y a-t-il un monde où l'on connaisse le plaisir des chemises immaculées, des mouchoirs purs comme neige? Au départ, chacun de nous n'a gardé que le strict nécessaire, nos tiroirs sont exigus, et nous salissons en un jour plus qu'en une semaine du temps de paix. Que sont devenus les blanchissages d'antan, où les accortes lingères des ports nettoyaient en vingt-quatre heures la toile et la batiste souillées? Nos croisières durent huit et neuf semaines.

Combien de fois, déjà, n'ai-je pas dans ma cuvette lavé deux mouchoirs et une chemise si charbonneux que les régions blanches y faisaient tache? Comme tous mes camarades, j'ai un matelot attaché à ma personne. Mais c'est un brave canonnier qui ne fait mon service que lorsque ses devoirs ne l'appellent point ailleurs : chaque jour, il a dix heures de veille et trois ou quatre heures d'entretien de matériel. Ne faut-il pas qu'il dorme, ne faut-il pas qu'il mange? Quand il est libre, j'essaie de prendre sur ma couchette quelques heures de mauvais repos, et il respecte mon sommeil. Quand ma cabine est vide, il veille derrière son canon. Chacun de nous lave ce qu'il peut. L'eau douce dont nous nous servons ne vient pas de claires fontaines, mais des bouilleurs qui distillent l'eau de mer; elle séjourne dans de grandes caisses métalliques, elle est chargée de rouille et en conserve la couleur. En vain gaspillons-nous savon et borax, le linge lavé devient jaune, comme saupoudré de moutarde, et n'est jamais tout à fait sec. Les pluies qui sévissent, la fumée qui balaie le pont, ne permettent pas de l'étendre au grand air. Dans ma cabine, mon canonnier a tendu des ficelles entre le sabord et le filet qui surplombe la couchette, et c'est là-dessus que le linge sèche comme il peut. Parfois, pendant que je dors ou que je travaille, une goutte paresseuse tombe sur mon visage ou mon papier; d'autres fois, par suite de l'éternelle vibration du croiseur, le linge tombe sur le linoléum terni de charbon, et tout est à refaire. En armée navale comme dans les tranchées, n'est point propre qui veut.

Comme dans les tranchées aussi, nous essayons de tuer le temps, qui a la vie si dure. L'étude de la carte militaire est décevante; nous avions coutume, à chaque communiqué reçu par télégraphie sans fil, de piquer des drapeaux sur les fronts d'occident et d'orient. Les épingles vacillaient chaque jour d'un quart ou d'un dixième de millimètre; elles ont fait dans le papier des trous où l'on ne lit plus rien, et nous avons renoncé à les dépiquer. Par liasses, les journaux arrivent à chaque courrier; vite lus, vite rejetés, ils n'alimentent ni nos conversations, ni nos rêveries. Nous n'avons point apporté de France des livres que nous jugions superflus pour une guerre courte, et ceux que nous avons commandés pour des croisières interminables ne nous sont pas encore parvenus. Les lettres s'écrivent vite, quand on n'a pas grand'chose à dire et que la censure interdit les détails.

Que faire, sinon jouer? Les uns épuisent leurs moments de repos dans des patiences et des réussites : que les combinaisons soient favorables ou non, cela leur est bien égal. D'autres se penchent sur les échecs ou s'acharnent au bridge. Mais ce sont des échecs et des bridges tout à fait particuliers : personne n'a jamais le temps de finir une partie. Le service, le quart, les repas, l'heure de dormir interviennent; on abandonne tel quel l'échiquier ou la partie, et un autre officier disponible prend la place. Commencé à deux ou à quatre partenaires, le jeu s'achève avec une équipe toute renouvelée. Perdre ou gagner est sans importance : il faut tuer le temps et ne penser à rien.

Mer Adriatique, 16 novembre.

Depuis quelques semaines, une distraction précieuse rompt la monotonie de nos vagabondages : c'est le service divin célébré tous les dimanches. Pour la durée de la guerre, le gouvernement a désigné sur chaque navire amiral, sur chaque bâtiment-hôpital, un aumônier volontaire, et le nôtre est arrivé au milieu du mois d'octobre. Il se nomme Mgr Bolo.

Abandonnant la direction des âmes féminines, quittant sans regret les douceurs de son logis de Touraine, il a sollicité la vie pénible des marins. Après un long voyage, il parvint dans quelque golfe des îles Ioniennes où nous charbonnions, et grimpa sur la carène, par l'échelle de fer, au milieu de la pluie et de la suie. Pendant quelques jours, perdu dans le dédale du croiseur, privé de respiration dans sa cabine toujours close, il put se demander en quelle planète le sort l'avait fait atterrir. Mais son corps d'athlète abrite une âme bien trempée ; il franchit rapidement le stade de la stupeur et, pour mieux évangéliser les matelots, voulut apprendre leur métier.

En toutes occasions, il questionne et s'enquiert ; les mots rébarbatifs de notre langue spéciale, l'usage des appareils compliqués, leur maniement et leur mécanisme, ne le rebutent point. Dès aujourd'hui, ses discours s'émaillent des termes savoureux auxquels le navigateur reconnaît un confrère : il est de la partie. Bien plus, ses mains habituées aux gestes sacerdotaux se plient à la manœuvre des embarcations. Chaque fois que nous mettons à l'eau baleinière ou chaloupe, il prend place aux côtés du patron et s'essaie à commander l'équipage. Les ordres réglementaires, les souplesses de la voile et de l'aviron, la réussite d'un accostage délicat ou d'un virement épineux commencent à n'avoir plus de mystère pour lui. Avant quelques semaines, on pourrait lui confier sans appréhension la conduite d'un canot parmi les traîtrises du courant, de la brise et des fonds : il le dirigerait d'une main et d'une voix également assurées. Alors, nous lui ferons subir le même examen que passent les gabiers, et, s'il lui plaît d'en avoir le titre *in partibus*, nous lui délivrerons le parchemin qui fera de lui un vrai prêtre-matelot.

Pendant les croisières, il s'efforce de pénétrer l'âme de ce peuple mystérieux : les marins. Pour qui s'est adressé à des auditoires campagnards ou mondains, l'énigme n'est pas simple, car les matelots, naïfs tout à la fois et renseignés par les voyages, rompus aux dangers et coutumiers du devoir, ne s'accommoderaient point d'une rhétorique trop spécieuse ni de conseils trop enfantins. L'hyperbole et la platitude leur déplaisent également. Ce sont des âmes semblables à celles des pêcheurs et des artisans que persuadaient jadis Jean-Baptiste ou Jésus ; il faut chercher leur cœur plutôt que leur intelligence, leur imagination plutôt que leur raison. A ce prix, l'évangélisateur peut leur verser des vérités simples, réprimer leurs instincts un peu libres, et ajouter quelque résignation à leurs fatigantes besognes.

Tous les dimanches, l'office religieux est célébré à bord : cérémonie simple et grave. Autour de l'autel portatif, des pavillons tendus forment des vitraux d'étamine; la voûte du temple est remplacée par le plafond bas, blanchi à la chaux, de l'entrepont; à droite et à gauche, les cloisons des cabines, les tiges blanches des cheminées forment les murailles métalliques de notre temple; des tuyautages bariolés, quelques soupapes, quelques robinets bien fourbis jettent des éclats jaunes et rouges; des chaises pour les officiers, des bancs pour l'équipage se groupent sur huit ou dix mètres de profondeur. Vient qui veut. Une sonnerie de clairon annonce la messe, et qui n'est pas de service y assiste ou s'en dispense. Tandis que le prêtre poursuit les rites, on entend dans les fonds la respiration des machines, le ronflement des ventilateurs; au-dessus de la tête, sur le pont, piétinent les matelots de quart; les grandes lames de l'Adriatique claquent sur la carène et la trépidation du croiseur en marche fait trembler l'autel. Par moments, la musique fait entendre de vieux airs liturgiques ou des motifs modernes.

Le prêtre s'adresse aux matelots. Il n'a pas besoin de leur enseigner l'héroïsme, de faire de grandes phrases. L'instinct des matelots est plus sûr. Les vérités éternelles, développées avec candeur, les séduisent et les persuadent.

Nos Bretons, nos Provençaux écoutent, recueillis, la paraphrase de l'évangile du jour. Quand on trouve des paroles naïves, semblables à celles que le Galiléen rencontrait voici deux mille ans, leurs lèvres s'entr'ouvrent, leurs yeux profonds se perdent, et leur âme devient meilleure. Que l'on s'égare en des raisonnements, ils essaient de comprendre, leur front se plisse, et ils discutent en eux-mêmes. Ce sont les diapasons parfaits du beau, du clair, du simple; on est sûr de les toucher quand on cherche leur cœur.

La musique joue le *Domine, salvam fac rempublicam*. Le prêtre traverse les rangs pour regagner sa cabine, et l'auditoire se disperse. Cinq minutes plus tard, bancs et drapeaux ont disparu, la batterie a retrouvé sa solitude et son recueillement. Les matelots, devant les machines ou derrière les canons, se remémorent avec plaisir le pur enseignement de tout à l'heure. Croyants ou non, ils se doutent bien qu'on leur a dit des choses sincères et s'abandonnent à leur prestige.

Ainsi, aux premiers âges, dans les clairières ou les prairies, devaient discourir les apôtres devant les populations rudes. Leur parole sema les germes qui mûrirent pendant des

siècles ; leurs temples n'étaient pas plus majestueux que le vaisseau d'acier qui chaque dimanche l'entend sur mer.

Près de Santa-Maria di Leuca,
17 novembre.

Nous possédons à bord une oreille qui ne
s'endort jamais : c'est la télégraphie sans fil.
Ses appareils sont enfouis dans les profondeurs
du bâtiment ; une cabine matelassée isole les
opérateurs des bruits de la machine et des tumultes qui s'entre-croisent. De quart en quart,
les télégraphistes se passent les écouteurs, et
les plus fins murmures de la voix électrique
n'échappent point à leur vigilance.

L'espace vibre d'un concert ininterrompu.
Émanés de stations proches ou lointaines, de
navires errant sur l'Atlantique ou tout près de
nous, les appels, les discours cherchent leur
voie ; l'éther les transporte instantanément. Les
puissantes antennes de la tour Eiffel, de l'Irlande, d'Allemagne, d'Italie ou de Constantinople, dominent de leurs volumineux gosiers
les chuchotements plus faibles. Elles lancent à
toute force, à toute distance, les nouvelles offi-

cielles de la tourmente. Quelqu'un parle-t-il trop haut à cinq cents ou mille kilomètres, elles élèvent le ton, enflent leur voix, jusqu'à ce que les importuns se soient tus.

Un accord tacite alterne leurs émissions. L'Allemand ne gêne point le Français, le Turc attend que Malte ait fini, Madrid qui cause avec Berlin se repose quand Londres parle. Car ces grands postes, contrôlés par les gouvernements, ne passent que les énonciations d'importance majeure, celles que le monde entier doit connaître, et ils ne désirent ni brouiller, ni être brouillés. Les communiqués du front, les événements de mer, les tractations diplomatiques ou financières, les plaidoyers ou les insultes, circulent en toutes langues, et l'on peut être certain que les journaux ne les publieront pas. Si d'aventure le lecteur des gazettes les trouve en sa feuille quotidienne, ce sera huit jours ou quinze jours plus tard, sous une forme désarticulée, méconnaissable.

Les marins entendent toutes les cloches et tous les sons. Quand l'univers doit s'en tenir aux maigres et tardives communications autorisées par la censure, ils savent déjà; leurs angoisses et leurs joies précèdent les angoisses et les joies des millions d'êtres anxieux. L'Irlande annonce un simple mouvement stratégique russe, mais Norddeich — le poste germanique — clame à tous les échos une victoire allemande, une avance et la rafle de milliers de prisonniers… Norddeich explique en termes laconiques un événement de mer, mais Eiffel fait crépiter ses plus fortes étincelles, qui lancent jusqu'à Moscou, à Terre-Neuve, au Soudan et dans la mer Rouge le désastre subi sur l'eau par quelque force teutonne. Dans combien de jours, avec quelles déformations le public lira-t-il ces nouvelles?... A toute heure du jour et de la nuit, nous les recevons, brutales et impérieuses.

Nulle illusion ne nous est permise. Nos ennemis n'ont garde de mentir trop grossièrement dans ces proclamations destinées à leurs ambassadeurs, à leurs consuls, aux innombrables agents qui entretiennent de par le monde le prestige germanique; il est de toute urgence, pour l'Allemagne, que ces hommes-là recueillent des renseignements sincères, dont ils feront état pour leurs négociations. Il n'y a rien de commun entre les rhapsodies de ses journaux ou de l'agence Wolff et ses affirmations aériennes. Tout au plus, en l'occurrence des défaites, rédige-t-elle soigneusement des textes vagues. Mais ce vague nous fait dresser l'oreille, et avant quelques heures Londres ou Paris confirment la victoire anglaise ou française.

Il n'existe sur l'univers, hors les chancelleries et les gouvernements, de cartes tenues à jour que sur les navires de guerre. Nous discutons au carré sur des pavillons placés à l'endroit précis où ils doivent être ; nos pronostics, nos espérances sont rarement déçus. Et si le secret ne nous obligeait au silence, nous apprendrions à nos amis bien des nouvelles.

Mais au-dessous des grands ténors de la télégraphie sans fil, chuchote la myriade des barytons, des basses et des choristes. Ainsi, dans la forêt tropicale, le rugissement des lions n'empêche point les dialogues des insectes et des rongeurs : ce réseau de voix inférieures donne à la jungle sa vie profonde. Les voix menues des bateaux qui parlent donnent à l'atmosphère marine une animation mystérieuse. Un grand paquebot, venu des mers tropicales, annonce son passage devant tel cap fréquenté. Un torpilleur en patrouille vers Gibraltar informe Port-Saïd des bâtiments qu'il a vus. Ce torpilleur n'a point de poumons assez forts pour crier à l'autre bout de la Méditerranée ; il appelle Bizerte et Toulon qui lui répondent, prennent son message et l'envoient comme une balle qui rebondit sur les antennes de Malte, sur les mâtures d'un croiseur français de l'Ionienne, sur les fils d'un navire russe de la mer Égée, et va tomber enfin dans le poste de Port-Saïd. Un courrier renseigne sur sa position, une escadre demande des ordres, un attaché naval ou un ambassadeur lance des renseignements d'espionnage ; le résident général du Maroc expédie du blé au Monténégro ; les grand'gardes préviennent qu'un sous-marin est en vue ; des navires charbonniers réclament qu'on précise le point où ils trouveront tels cuirassés : toute la Méditerranée frappe à l'antenne du commandant en chef, comme une nuée de subalternes frappe à la porte du personnage qui distribue des ordres.

Et le commandant en chef, sur son majestueux cuirassé, bureau errant, résout, décide, ordonne, dirige : les tentacules sonores s'échappent de la mâture où flotte son pavillon, le pavillon tricolore qui représente la France, et, à travers l'espace, tout près, très loin, par les raquettes des postes qui les renvoient encore plus loin, leur écho va toucher l'oreille du destinataire.

Aucun désordre, aucune cacophonie dans ces rafales de chuchotements. Ainsi que les exécutants d'un orchestre bien réglé, tous les causeurs parlent à la minute, à la seconde prévue pour leur partie ; chronomètre en main, les télégraphistes guettent l'instant qui leur est dévolu, lancent à toute vitesse les trilles de notes brèves et courtes ; qu'ils aient fini ou non à la fin de leur période, ils s'arrêtent et attendent, car aussitôt une voix lointaine joue son air et réclamerait violemment si quelqu'un l'empêchait de parler. L'étendue méditerranéenne est partagée en secteurs, le temps est réparti en intervalles, et nul ne se permet de sortir du silence si le tableau préétabli lui enjoint de se taire.

Les délinquants, d'ailleurs, sont bien vite reconnus. De même que le doigt d'un aveugle acquiert des sensibilités surprenantes, de même l'oreille des télégraphistes discerne le timbre, la hauteur de ton et la richesse musicale des bavards qu'ils n'ont jamais vus. Pour l'initié, les radiations électriques ont une personnalité semblable au langage humain. Deux postes, deux navires ont des voix et des débits distincts. Celui-ci émet en bredouillant; celui-là, solennel, parle avec lenteur; les bruits de l'un évoquent l'allumette frottant sur le papier rugueux, l'autre bourdonne comme une mouche, un autre chante aigre comme le vol des moustiques. C'est un concert presque magique : dans sa cabine capitonnée, l'écouteur entend et discerne des susurrements de cigale, des crincrins de violon, des élytres de scarabées, des fritures d'huile bouillante, que l'électricité fantaisiste émet à des centaines de lieues. Cela voltige, s'arrête, recommence; on dirait une symphonie de lutins sur une lande infinie. Et pourtant, la moindre de ces vibrations est messagère de guerre, de vie ou de mort.

L'on évite en effet de parler pour ne rien dire. L'on a soin de n'employer que des langages secrets. Ce bavardage perpétuel ne contient pas un mot, pas une phrase que quiconque puisse interpréter, s'il ne possède pas les clefs sur quoi repose la sécurité des navires. Des chiffres, des chiffres, des chiffres, rien autre ne circule dans l'espace. Toutes les combinaisons que peut inventer l'esprit des hommes, tous les traquenards imaginés par des spécialistes, ont été préparés aux heures

pacifiques. Nous renchérissons sur ces arran-
gements des nombres; de peur que l'ennemi,
recevant des pages et des pages de textes chiffrés, ne parvienne à en forcer la serrure, l'armée navale ne conserve pas longtemps ses
clefs; elle les modifie, les renverse, les tri-
ture; et les officiers chargés de la traduction
des textes sont comme des voyageurs qui
changent d'idiomes à chaque frontière.

Bien plus, chacun ne parle pas le même
langage; dans l'écheveau des conversations,
tel personnage s'adresse à tel autre sans que
quiconque puisse l'entendre. D'Anglais à Anglais, de Français à Français, de ministère à
amiral, d'amiral à croiseur, de commandant
en chef au moindre de ses satellites, d'ambassadeur à cuirassé, de consulat à poste terrestre, s'enchevêtrent des dialogues en patois
inconnus. Les curieux peuvent entendre, ils
n'en deviennent pas mieux renseignés. Dignes
descendants des Gaulois, que César décrivit
arrêtant les voyageurs sur les routes pour leur
soutirer les nouvelles, nous voudrions tous
connaître le message dont nous lisons les
chiffres sans que nos codes nous livrent sa
signification. Peine perdue! Peut-être, à force
de patience, de pointages et de migraines,

l'un de nous parviendra-t-il à arracher aux nombres un secret qui ne lui est pas destiné. Il se réjouit. Il fait l'important. Il se croit très supérieur de savoir écouter aux portes. Mais un beau jour la clef dont il avait appris le maniement devient rétive dans sa main ; elle ne lui livre que des mots sans suite, des coq-à-l'âne. Les deux causeurs se sont amusés à changer la serrure, et tout est à refaire. Les marins alliés se méfient autant des adversaires aux oreilles trop ouvertes que des indiscrets amis aux langues trop longues. Et c'est fort bien ainsi.

D'ailleurs, nous avons assez à faire de traduire les radiogrammes accessibles. Outre le lieutenant de vaisseau chef de quart, outre le chef de veille et son second, un quatrième officier, à toute heure de jour et de nuit, se penche sur les liasses de textes reçus par la télégraphie sans fil. Près de lui, les codes, les dictionnaires contiennent chaque mot, phrase ou signal dont il peut connaître le sens. Pendant quatre heures il fait des versions de nombres en langue française. Anglais, Russes, Français, Monténégrins ou Serbes, tout le monde trouve à dire quelque chose de nécessaire, de primordial. Cent, deux cents télégrammes arrivent pendant la journée; on les transcrit sur des registres; leur expéditeur, leur destinataire, leur numéro, la minute d'émission, tout est noté scrupuleusement. Ce sont les archives de notre odyssée navale.

Souvent, un radiogramme s'adresse au *Waldeck-Rousseau*. Le poste qui veut l'appeler lance dans l'étendue le nom conventionnel de notre croiseur; celui-ci répond. Des rives ou des navires, surviennent les instructions, les interrogatoires. Dans la nuit obscure, on transmet au commandant le message qui demande réponse; le commandant médite, pèse prudemment les mots que l'on renverra; l'officier traducteur transforme selon le chiffre les phrases claires et concises. Et quelques minutes plus tard, les antennes du bâtiment s'illuminent au milieu des ténèbres par lueurs longues et brèves. C'est la réponse qui s'en va. Les fils tendus entre la mâture prennent une couleur phosphorescente, des craquements secs accompagnent l'émission de chaque chiffre, et au même instant, quel que soit le nombre des lieues qui nous séparent, l'interpellant reçoit l'écho minuscule de notre voix.

Ainsi vont les jours, bruissant de propos invisibles. Chacun dit ce qu'il sait, écoute ce qu'il doit entendre, répond quand on l'appelle. De l'Océan à la mer Rouge, tous les navires errants se tiennent aux coudes, et l'électricité magicienne efface la distance. Mais il est des cas où l'on se tait.

Lorsque, sur les sentiers de l'aventure, les audacieux bâtiments remontent l'Adriatique jusqu'au seuil des ennemis, leur voix est aussi couverte que leur cheminement est obscur. Pour impérieux que soient les appels, ils négligent de répondre. Tout autour d'eux, à Cattaro, à Lissa, dans les îles et les arsenaux, les espions télégraphiques entendraient le grossissement de leur voix qui approche. Noirs et muets, ils courent sans parler. Les écouteurs de la cabine calfeutrée prêtent l'oreille. Et alors, tout le long du parcours, pendant les heures furtives, ils saisissent d'étranges dialogues... Quelque espion autrichien, en Italie ou aux îles grecques, a vu dans l'atmosphère du crépuscule le départ des navires français vers le nord. Dans une cheminée, dans une cave, dans un puits, cet espion recèle un poste émetteur que les neutres ignorent; il envoie des nombres brefs comme un coup de sifflet. Nous ne pouvons pas comprendre ces nombres, mais nous devinons ce qu'ils veulent dire :

« Les Français vont partir. » « Ils partent. »
« Ils sont en Adriatique. » « Ils approchent de
Cattaro. » La voix ennemie ne sort pas d'une
bouche française, nous la reconnaissons à son
timbre chantant : flûte ou sifflement d'ailes de
moustiques. Leurs appareils Telefunken pro-
duisent ce son qu'on reconnaît entre mille, et,
toute la nuit, sa vibration nous suit à la piste.
D'où viennent ces chuchotements dans l'ombre? Par quel miracle, d'instant en instant,
entendons-nous ces jets sonores qui ne parlent
que de nous? « Les Français passent devant
Brindisi. » « Ils passent devant Bari. » « Ils
obliquent au nord-est. » « Vers deux heures,
ils approcheront Pelagosa. » Dans le lointain,
des trilles musicaux répondent, deviennent
plus distincts. C'est Cattaro, c'est Pola, ce
sont les îles Dalmates qui nous attendent.

Oui, nous nous mouvons dans une ronde de
gnomes sinistres, et ces Allemands ont de pro-
digieuses écoutes. Leur murmure haut et grêle,
indéchiffrable et pourtant très clair, sautille
autour de nous qui marchons dans le noir. Des
destroyers, des sous-marins voltigent peut-
être sur notre route. Celui qu'a déçu notre
course trop rapide envoie bien vite à l'autre
factionnaire son arpège électrique, et le fac-

tionnaire accourt, torpille braquée. Où est-il? Devant ou derrière? Canonniers, ne dormez pas à vos pièces! Officiers, penchez-vous sur le vide opaque! Croiseur enveloppé d'ombre, cours plus vite et encore plus vite! Ils rôdent, les mauvais spectres de l'Adriatique, et leurs lèvres soufflent dans des pipeaux irréels les notes qui préparent ton naufrage. N'aie point peur. Ils s'essouffleront à te poursuivre, et tu seras demain où le désire la France.

Quel croiseur, quel cuirassé, marqué par le destin, recevra la blessure des farfadets qui chantent?

A l'ouest de Corfou, 26 novembre.

La destruction de l'*Emden* par un croiseur australien, dans le golfe du Bengale, clôt cette lutte océanique où les Allemands prétendaient imiter les grands corsaires de France. Les paquebots armés en guerre, *Kaiser Wilhelm, Cecilie, Cap Trafalgar*, maint autre, ont expié déjà leurs vaines audaces. Ils croyaient terroriser les navigateurs et affamer les peuples, mais les trésors de vie vont affluer, plus abondants, au sein des entrepôts alliés.

La marine est la gardienne des greniers. Nous le savions déjà, nous qui hantions les grandes routes pendant les navigations pacifiques, mais cinq mois de labeur nous ont prouvé que nous ne le savions pas assez.

Nous avons vu passer, nous avons protégé l'innombrable théorie des colporteurs chargés du blé dont on fait le pain, des troupeaux qui donnent la viande, de l'acier qui forme l'obus. Les navires de guerre ont libéré les voies qui ravitaillent nos champions et fermé celles de leurs adversaires. Combien de mois encore durera cette besogne? L'avenir clôt ses lèvres. Mais les croiseurs et les torpilleurs errant de la Norvège à la mer Égée ne reculeront point devant leur tâche. Une nation qui lutte exige que quelques-uns de ses défenseurs assurent le vivre de ceux qui se battent. Les gestes des marins ne sont pas retentissants et la gratitude terrestre ne remercie point leur fatigue. Qu'importe? Si l'œuvre secrète des navires empêche que les larmes de la famine s'ajoutent à celles du deuil, elle n'aura pas été sans grandeur, et les sourires des petits enfants rassasiés seront leur récompense.

Mais j'oublie l'*Emden* et les paquebots corsaires. Semblable à l'onde, mon rêve obéit à des souffles capricieux. Il a souvent comparé les fastes de nos corsaires nerveux à la parodie que nous offre la culture allemande. Que diraient les Jean Bart, les Duquesne, devant les bandits vomis par Kiel et par Hambourg? Aux grandes époques de Dunkerque et de Saint-Malo, les chétifs corsaires se ruaient à l'assaut des galions magnifiques cinglant vers l'Espagne et la Tamise. Tels de bons renards, ils livraient le combat d'astuce et d'audace. Ils risquaient tout. C'étaient les enfants prodigues de la mer. Ils jouaient un jeu loyal et ne mettaient point leur orgueil à massacrer aveuglément.

Aux horreurs actuelles de l'Océan, l'on peut deviner l'épouvante des mers si quelques années de paix avaient permis à l'Allemagne de forger de nouvelles armes. Paquebots ou croiseurs, elle a choisi les plus puissants, les plus rapides et leur a dit : « Tue, coule, et enfuis-toi. » Cathédrales éternelles ou chemineaux de l'onde, rien n'est sacré aux barbares de Reims et de Louvain. Qu'eussent été les horreurs de cette guerre de course, si Guillaume II lui-même, ou l'un de ses séides, avaient pris la haute main sur les égorgements maritimes? Devant elles, auraient pâli les macabres imaginations du moyen âge. Quels forfaits inventeront les Allemands quand ils comprendront qu'ils sont vaincus ?

Honneur aux officiers de l'*Emden !* Ils ont détruit, mais leur grande âme s'est refusée aux crimes ordonnés par leur maître. Leur générosité préserva la vie des matelots offerts à leurs coups et le tableau de leurs exploits n'est pas déshonoré par le sang. Cette louange, sans doute, leur a valu le pilori de Berlin, mais la confrérie maritime ne leur réserve pas de dégoût.

L'Angleterre accepta le défi. Déployant sur les vastes étendues d'eau la meute de ses croiseurs, elle les lança sur la piste des destructeurs, et ordonna : « Supprimez-les. » Nul pardon, nulle faiblesse. L'empereur de la Sprée avait ressuscité la loi du sang, l'on asséna sur ses satellites la vengeance du talion. Ils disparurent tous.

Dernière victime, l'*Emden* subit le sort qu'il avait souvent imposé. Vingt vapeurs inoffensifs représentaient son tableau de chasse, et il était à l'affût d'un convoi britannique. Aujourd'hui, déchiqueté, couché sur un récif hindou, il sert de mémorial aux navigateurs errants. Ils salueront d'abord cette épave héroïque, qui

sut mourir et racheter l'ignominie de sa besogne. Ils remercieront ensuite le hasard qui
ne les a point fait naître Allemands.

Canal d'Ithaque, 30 novembre.

Mandé par le commandant en chef, le *Waldeck-Rousseau* quitte son barrage adriatique,
Otrante, Fano, l'Albanie, pour prendre des
ordres en un mouillage des îles Ioniennes :
Arkudi.

Nous tirons par le plus court, en haute mer,
avant d'approcher le dédale des archipels.
Corfou, Paxo et Anti-Paxo disparaissent au
nord, Saint-Maure et Céphalonie montent au
sud ; la grande muraille d'Orient couvre l'est :
tous les témoins de notre course se déplacent
avec lenteur, et chaque minute donne au décor
d'imperceptibles glissements.

Les officiers de quart se penchent sur la
carte. Cette grande feuille blanche, aux gra-
vures fines, indique sobrement les contours,
les repères, les dangers et les routes. Elle est
rebutante à qui ne sait pas la lire ; ses dessins
sont notre évangile. A leur tracé net ou com-
pliqué, nous présageons la facilité du voyage

ou ses embûches. Il nous arrive de songer aux navigateurs de jadis qui n'avaient d'autre guide que la Providence ; la simple lecture des cartes nous fait deviner si ces parages étaient aimés ou maudits, et si, avant de s'y risquer, le pilote invoquait Neptune ou la Vierge des Flots.

Aujourd'hui, nous n'avons point tant d'inquiétude. Le ciel et la mer sourient. Il y a quelque chose d'incertain dans les grâces de la nature qui se souvient des béatitudes d'automne et sent venir les frimas d'hiver. Ses dernières tendresses ont de la fragilité.

Nous voici dans la passe de Dukato, entre Sainte-Maure et Céphalonie. C'est un boulevard triomphal. A droite, Ithaque, patrie d'Ulysse, mordorée sous le haut soleil; à gauche, des bijoux de rochers et de sentiers liquides, plus délicats, plus bienheureux que des pistes perdues au fond des bois; devant, un archipel dont les îlots ont choisi leurs noms dans le langage fluide des aèdes : Arkudi, Meganisi, Astoko. Et, tapisserie de haute lisse, les merveilleuses montagnes trônant sur l'eau, bleuâtres et couronnées de clarté. La mer a des reflets de pervenche, le ciel est pâle, les îles se revêtent de couleurs atténuées : les dieux en balancèrent les teintes, les formes et les sites pour composer une féerie sans défaut.

L'espace a pris une âme divine. On ne sait de quoi elle est faite. Cela ravit les yeux et précipite le sang. Lorsque le magicien Homère contait le retour d'Ulysse, les dieux ioniens lui prêtaient une langue et flexible et sonore. Les hommes de notre siècle en ont perdu le secret; leur infirmité s'arrête au seuil de l'inexprimable. Certes, l'Ionie était le jardin des dieux.

Le croiseur svelte et prompt glisse entre ces rives mémorables, qui contemplèrent les barques des Achéens, les trirèmes de Rome, les galères vénitiennes, les vaisseaux des croisés et les felouques de Barbarie. Dans notre sillage ont passé les générations de pilotes survenus des confins où l'onde est méchante, et qui riaient d'aise en ce paradis maritime. Comment n'auraient-ils point tous, poètes ou marchands, pirates ou soldats, célébré ces délices et désiré d'y vivre? Moi-même, j'ai haï jusqu'au nom d'Ithaque, ânonné dans les versions du lycée; j'ai maudit l'Olympe assemblé dans un livre détestable... J'ai vu depuis les ciels les plus parfaits. Pour mes yeux la lumière a épuisé ses miracles, et c'est pourtant ici que je place le berceau des dieux. Où donc, lorsque la fantaisie leur venait de descendre ici-bas, auraient-ils atterri, sinon sur cet îlot majestueux, comme Junon sur cette berge dessinée par Vulcain? N'est-ce point à cette atmosphère blonde qu'Apollon a ravi l'éclat de sa chevelure?

Et n'est-ce pas cette eau qui enfanta Vénus? Quel homme trop heureux saisira les secrets des formes et des chatoiements élaborés par la mer? Les poissons qui s'y balancent surpassent en couleurs et en sveltesse les bêtes les plus harmonieuses. Elle donne aux plantes nourries par ses sèves la richesse des métaux, la flexibilité des courbements et de surprenantes structures que la terre refuse à sa flore. Aux hommes qui la hantent, aux cités qu'elle baigne, elle accorde des pensées et des grâces d'élection. Toute beauté vient de l'onde; tous les germes vitaux ont flotté dans son sein. Et la subtile race d'Homère, qui enfermait en des corps divins les symboles créateurs, a fait jaillir des flots ioniens la déesse de vie et de grâce.

Aphrodite! Souveraine et nue, je te vois sortant de la mer diaphane et bleue. Tu étires tes membres doux sous les caresses de la lumière, tu ouvres tes yeux ravis sur la terre où les hommes, harassés par la laideur de leur âme et l'ineptie de leurs œuvres, tendent éperdument les mains vers ton inaltérable beauté. Tu vas à leur rencontre. C'est ici même que ta course aérienne, bondissant de gloire en gloire sur les dômes de l'avenir, risqua ses premières foulées. Bénis soient les Grecs, tes parrains, qui te choisirent ce berceau.

Au moment où là-bas, sur les champs du meurtre, des butors germaniques veulent détruire tout ce qui est beau, tout ce qui fut enfanté par toi, je comprends mieux le patrimoine que les Français doivent défendre. O Aphrodite, tu étends à travers les âges ta protection sur la France ton héritière. Elles sont toutes venues d'ici, les pensées claires, les émotions délicates et les rêveries fécondes que tu aimais chez tes pères nourriciers. Humble défenseur de la beauté engendrée par l'hymen de la mer et du soleil, Français qui te remercie de ce que tu as mis en lui et qu'on veut écraser à coups de bottes, je te salue au passage, Aphrodite Ionienne, et voudrais deviner le cercle d'or où les Grecs ont placé ta naissance.

Et ne crois point que la force des souvenirs

classiques parvienne seule à créer mon adoration. Du haut de cette passerelle, où ma prudence de marin conduit le croiseur parmi les méandres chers à Ulysse, j'aperçois mille matelots rangés sur le pont et pénétrés de stupeur. Ils ont cessé de parler, de rire et de tourner le dos à la mer trop connue... De grands silences planent aujourd'hui sur ces Bretons, ces Flamands et ces Provençaux. Sous quelle forme naïve pensent-ils le bonheur de leurs yeux? Ils ignorent les poésies et les livres qui m'ont apporté le legs antique. Ils sont là cependant, les paupières béantes, écrasés par l'admiration. Cette stupeur est l'hymne le plus profond qui puisse célébrer la Beauté. Je devine que leur âme, emprisonnée dans des cachots obscurs, regrette inconsciemment la hâte de notre passage. Leurs réflexions sont plus émouvantes que les miennes; elles montent d'un abîme où les mots n'existent pas pour traduire les mystères. On discute quand on ne comprend pas un mystère; on se tait dès qu'il se révèle. Tous les matelots se taisent. La Beauté vient de prendre place dans leurs souvenirs.

Au large du Péloponnèse, 2 décembre.

Après tant de semaines de courses sans contact avec le monde, nous espérions goûter à Malte le repos de quelques jours que le commandant en chef accorde aux navires fatigués. Nous caressions l'illusion qu'il nous avait fait venir pour nous remettre sa correspondance et nous envoyer bien vite à notre cure de terre. Mais, en marine, il ne faut jamais espérer si l'on ne veut être déçu. A peine arrivé au mouillage d'Arkudi, le *Waldeck-Rousseau* était chargé d'une mission urgente de l'autre côté des Balkans, à Salonique ; à regret son étrave prend la route du sud, contourne la Grèce et le Péloponnèse, remonte au nord et, à travers les méandres de la mer Égée, cherche le chemin de la Thessalie.

La lassitude commence à poser ses stigmates sur les visages et dans les yeux. Les chauffeurs devant leurs fourneaux, les mécaniciens devant leurs pistons, les canonniers veilleurs derrière leurs pièces, n'ont pas vécu impunément cet interminable chapelet de jours et de nuits où ils passent du travail le plus attentif à un mauvais repos. L'atmosphère des entreponts devient chaque jour plus lourde et entêtante ; des poussières, des bouffées de chaleur traînent partout, et les sommeils pesants laissent la même fatigue que des nuits de chemin de fer, toutes fenêtres closes.

Et puis, chacun se demande si nous aurons jamais le plaisir de joindre ces Autrichiens ou Turcs, qui se rencoignent hors de portée et ne dépêchent contre nous que des sous-marins. Les sous-marins sont là, ils sont partout, ils ne sont nulle part. Nous étendons les bras dans le vide ; nos yeux s'épuisent à chercher ce qui se cache, et tout à coup, dans les flancs du navire, s'enfoncera la blessure qui ne pardonne pas. Cela se passera dans le silence, car la guerre maritime de cet âge est muette.

Il eût été fastidieux que j'effeuille cet almanach de poursuites vaines, de chasses en haut de l'Adriatique, de factions dans la nuit, l'aurore, la lumière et le crépuscule. Les journées se tiennent par la main et forment un cortège déjà gris, ondoyant sur l'eau, au bout de quoi s'évanouissent les dernières heures passées en France.

Le commandant en chef a consolé notre mélancolie. La mission qui nous mène à Salonique nous conduira plus tard à Marseille. C'est du moins l'espoir que nos instructions renferment. Et nous serons autorisés à prendre en France le repos de nos étapes. Chacun bâtit des rêves, suppute les délais, et se persuade que les fêtes de Noël le retrouveront dans sa famille. Déjà, les pères caressent les têtes blondes penchées devant la cheminée; les maris, les amants frémissent à la joie grave de ce nouveau retour, simple épisode de notre carrière vagabonde, mais chargé d'émotion par les angoisses d'hier et les hasards de demain. Nul cependant n'ose achever ces châteaux en Espagne. Trop de mécomptes ont jalonné notre existence pleine de leurres... Quant à moi, qui depuis onze ans n'ai point passé en France une seule nuit de Noël, puis-je croire qu'une fantaisie des guerres m'accordera cette douceur refusée par la paix?

En attendant, chaque tour de l'hélice nous éloigne de la France. Sparte, Cythère, les Cyclades, Corinthe et le Pirée : voici les noms que l'officier de quart donne aux terres qui tour à tour viennent nous saluer sur l'horizon. A l'extrémité de la carte, s'inscrivent les Dardanelles et Constantinople, autres bornes de cette guerre universelle. Notre croiseur a quitté les lieux du danger adriatique et s'avance à toute vitesse vers le guêpier turc. Cela se passe dans un décor inimitable. Nos yeux cherchent un phare sur une île au nom célèbre; nos lèvres murmurent un cap qu'ont illustré les poètes; nous manœuvrons les machines et le gouvernail dans un archipel de tabernacles : Cythère, temple de Vénus, et Délos, patrie d'Apollon; Sparte au visage austère, et Athènes, rose de l'antiquité. Pourquoi le marin ne peut-il pas jouir de ce décembre pur et sec? Sous ses talons trépide le noble croiseur. Pendant sa veille, il fume une cigarette au parfum léger, et ses pensées, fluides comme ces volutes blondes, promptes comme ce navire, pourraient en des âges plus heureux s'attarder aux époques légendaires. Mais non : la malice des hommes obscurcit le ciel lumineux. De l'Autrichien au Turc, il faut veiller sans cesse. Et je ne songe pas à me plaindre, car ces heures préparent sans doute de violentes nostalgies.

Golfe de Salonique, 7 décembre.

Par la succession des quarts, l'entrée nocturne dans le golfe de Salonique m'est échue. De deux heures à six heures du matin, j'ai conduit le navire en cet entonnoir sans phares, aux courants dupeurs, qui se termine sur la ville tant convoitée, pomme de discorde des peuples orientaux.

Une brume traîtresse dormait au ras des flots et encapuchonnait les rivages. Plus haut, la lune dominait les altitudes et laissait choir sur les neiges du mont Olympe, du Pélion et de l'Ossa, des rayons paresseux et étincelants. Suspendues entre les vapeurs terrestres et le manteau étoilé du ciel, ces cimes blanchies par les frimas et la caducité de leur gloire veillaient dans le grand silence. Elles sont le seul guide du marin perdu dans la brume ; l'officier de quart, le jeune aspirant qui l'aide, ne perdent point de vue leur présence tutélaire. Il fait très froid. Vers quatre heures, soufflent de Thessalie des vents chargés d'onglée, qui aiguisent les arêtes de neige comme des rasoirs luisants. Mes mains grelottent sur les jumelles, et mes yeux pleurent sous l'aquilon. Il faut oublier ces piqûres.

De subtiles pâleurs hésitent à l'orient, envahissent la droite du ciel. Des terres basses, jalonnées par des feux, apparaissent droit devant. L'aube vient, moment trouble et dangereux ; transis, grelottants, mon aspirant et moi, varions les routes parmi les hauts-fonds pleins de surprises.

Au moment où la dernière embardée ouvre la rade de Salonique, mon successeur vient me libérer. L'aurore a pris possession de notre univers, la merveille d'un matin d'Orient sort des pénombres de la nuit. Je vais vite boire une tasse de café bouillant, et remonte, simple spectateur, pour admirer le panorama que j'approchai comme pilote.

Une étendue d'eau glacée, ceinte de sables et de marécages, reflète les lueurs imprécises. Sur cette pellicule de glace, notre étrave se fraie un passage, et les éclats brisés retombent de chaque bord avec un crépitement de gaufres qui craquent. Vers l'embouchure du Vardar, des légions de volatiles patinent et se culbutent sur cette croûte où leurs griffes ne mordent point ; le tumulte de leurs voix émeut le matin pacifique : poules d'eau ébouriffées, rauques hérons, canards aux compagnies triangulaires, s'éveillent et fourmillent ; des flamants roses, sur l'aiguille de leur patte, réussissent à se poser, immobiles et pensifs, à quelques mètre de notre sillage.

A mesure que notre croiseur, étincelant de rosée et lustré par le froid, pénètre plus avant

dans les albumines du brouillard, une ville
émane de l'irréel. Elle est encore emmitouflée
des mousselines matinales, ses bases plongent
dans l'opaque, et ses minarets offrent déjà
leurs têtes aux diaprures du matin. Frêles, ils
se dégagent un à un et bientôt on ne peut
plus les compter, car ils forment sur la ville
une forêt de colonnes. Le château fort, au
sommet de la colline, baigne dans la lumière
ses murs rouillés aux tours massives, et partout, fuyant sur l'horizon, une plaine, désolée,
sans arbres ni maisons, emporte le regard vers
la Serbie, la Bulgarie, la Grèce ou les steppes
turques.

Notre ancre tombe et crève le parchemin de
glace. Le croiseur s'arrête enfin, après tant de
lieues et de cheminements. Salonique tout
entière sourit aux baisers du soleil. Proches
de l'eau comme sur toutes les rives méditerranéennes, les maisons du quai montrent le noir
des annonces commerciales, l'or des façades
des cinémas-palaces, le blanc du stuc et du
marbre qui couvrent les hôtels et les ban-
ques. Trouées obscures dans la masse des
maisons, les rues montent du port, s'enfoncent parmi les gradins des murailles chré-
tiennes et juives, jusqu'aux hauteurs de l'am-

phithéâtre où règne le bleu léger des cabanes islamiques, avivé par des cônes de cyprès et des massifs de platanes.

Une basilique orthodoxe étale son dôme bossu ; la synagogue, géométrique et laide, semble se cacher dans un fouillis de terrasses ; une église catholique dresse sa croix sur l'élancement des pierres orgueilleuses ; et les cinquante minarets, troncs blancs aux cimes renflées et effilées, lancent vers le ciel d'Allah leur sveltesse nombreuse. Vers la gauche, au-dessus du port, de hautes cheminées de brique fument : ce sont les minarets du nouveau dieu, le travail, qui est venu enfin prendre sa place dans l'assoupissement oriental.

Portant pavillon de guerre en des eaux neutres, notre croiseur est tenu à de grandes réserves. La Grèce consent à donner à notre mission une hospitalité courtoise, et nous éprouvons scrupule à n'en point abuser. Depuis l'origine de la guerre, le *Waldeck* est le premier navire belligérant qui mouille en cette rade cosmopolite. Tout l'Orient frémit. De l'orage serbe et turc viennent des éclats de foudre. Les convoitises, les haines et les espoirs attendent l'heure de jaillir, et Salonique est un carrefour où se heurtent tous les

courants. La présence à terre de marins fran-
çait pourrait susciter des manifestations péni-
bles, à coup sûr malséantes : les autorités du
croiseur et de la ville tombent d'accord pour
interdire, jusqu'à nouvel ordre, la descente au
rivage des officiers et matelots. Cette restric-
tion ne concerne point les porteurs de messages
ni les négociateurs, que couvrent les immunités
diplomatiques.

Nous voici donc reclus à quelques brasses
de la côte. Nos talons fatigués de l'acier du
bord s'étaient réjouis de refaire connaissance
avec des terrains plus élastiques. Nos yeux
emplis des glissements de l'onde attendaient
les calmes spectacles de la rue ou des champs.
Nous abandonnons l'espoir de ces minces plaisirs, et, Tantales de la mer, tâchons de nous
satisfaire aux agréments de la rade.

Du matin au soir, et jusqu'à la nuit faite,
des caïques sortent du port, se hâtent vers le
navire de France, l'assiègent et s'y accrochent.
Mais la consigne qui nous défend de visiter
Salonique interdit à quiconque, en retour,
l'accès du bâtiment. Nulle séduction n'amollit
les factionnaires; ils repoussent les tentatives
les plus captieuses, et la marée des barques se
brise sur notre cuirasse. Elles ressemblent aux

étroits caïques de Constantinople; des curieux s'y tassent comme seuls les Orientaux savent le faire; leurs fournées ne se sont point composées au hasard, mais par coteries de race, de croyances ou d'opinions. Cette diversité de groupements reproduit le caractère de la ville, où les mosquées, les temples, les basiliques et les églises adorent sous le même ciel tant de dieux différents.

Des soldats hellènes, en grand nombre, dirigent vers nous leurs faces tannées; suspendus à la menace de la guerre, ils se sont cotisés pour le louage d'embarcations et viennent voir comment sont bâtis les matelots qui depuis quatre mois font métier de guerre. Plus tard, dans quelque hameau de Béotie ou de Locride, ils raconteront à un auditoire agreste les dialogues qu'ils auront tenus avec les marins de Cornouailles ou de Provence. Mais entre ces deux familles d'âmes simples, aucun langage commun ne permet de discours intelligible. Des onomatopées, des grimaces, des sourires que l'on comprend partout, forment l'intermédiaire de pantomimes animées. Un doigt pointe vers les Dardanelles ou Constantinople, un autre indique l'Adriatique; tel loustic de Marseille crie « Pan! Pan! » et un artilleur thébain répond « Boum ! Boum ! » De grands éclats de rire fusent. Les cœurs sinon les lèvres parlent le même idiome.

Écoutant ces joyeuses insanités, quelques douzaines de Turcs, en jaquette noire et fez impeccable, errent silencieusement. Leurs caïques sont vernis et ripolinés. Naguère, ces hommes étaient maîtres dans Salonique et la duplicité allemande lança leur pays dans une aventure qui leur fit perdre ce trésor. Notre pavillon leur est maudit. Si quelque mine turque, égarée des Dardanelles, venait sous leurs yeux éventrer notre carène, je jure qu'ils jetteraient vers Allah de stridentes actions de grâce. Mais ils sont impuissants et moroses.

Leur rancune s'accroît des interpellations lancées par les amis de la France. Des Anglais, la pipe courte entre les lèvres, leur poitrine ouverte sous une chemise molle, rament dans des pirogues ; leurs regards animés admirent le croiseur, instrument de sport, et les matelots qui jouent le jeu où l'on peut mourir. Au passage ils immobilisent leurs avirons devant les officiers et lancent un « Hip ! Hip ! Hurrah ! » tout à la fois ému et correct, de même qu'ils salueraient quelque équipe de cricket ou de football.

De jolies filles grecques, au profil pur et aux regards furtifs; mêlent des sourires, des jets de fleurs et des éclats de robes fraîches à ces enthousiasmes masculins; quand elles s'éloignent, des mains bien gantées lancent au croiseur des baisers timides que l'on croit inaperçus : mais nos lorgnettes n'en perdent rien.

Des Serbes aux faces tragiques, aux yeux enfoncés et brûlants, viennent prendre de l'espoir au contact du navire de France : en cet instant même, leur patrie contracte sa poitrine devant l'Autrichien. Notre pavillon vient leur dire : « Ne désespérez pas! », et ils répondent par un pâle sourire à nos bonjours d'amitié.

Tout à fait à l'aise, quelques groupes de Russes se fraient un chemin dans la cohue des barques. Que leur territoire soit envahi ou libéré, que leurs troupes avancent ou reculent dans les alternatives de cette guerre, les Russes n'éprouvent ni angoisses ni joies extrêmes. Ils sont tout à fait tranquilles. Un nuage efface le soleil, mais ne le supprime point. Un revers peut ennuyer la Russie, mais elle peut attendre : ses victoires seront l'œuvre du temps. D'un grand vivat aux dents blanches, ils saluent les camarades du bon combat, et ensuite demeurent immobiles, souriants.

Ces vivats suscitent en mainte prunelle des éclairs féroces. Accroupis sur les bancs des barques, de vieux Ottomans de Bagdad, de la Mecque ou d'Erzeroum égrènent un luisant chapelet de corail, de noyaux ou d'ambre. Ceux-là sont les irréductibles. De leurs paupières mi-closes, entre leurs lèvres charnues, filtrent vers les roumis des regards haineux et des imprécations. Ils glissent à quelques mètres de nous et n'arrêtent point leur barque nonchalante. Les clins d'œil que nous échangeons sont profonds, bloqués, chargés de sens; les musulmans détournent alors leurs yeux qui simulent l'indifférence, mais leur rage se trahit à la contraction de leur pouce, qui fait filer d'un coup plusieurs grains de leur chapelet.

Que dire des escouades d'Allemands, commis de négoce, espions ou fomentateurs de troubles, qui se tassent dans des chaloupes, s'installent insolemment sous nos canons, et dévisagent croiseur et marins? Ici, pullulent ces faces paternes, ces yeux embusqués sous des lunettes rondes, dont la Germanie empoisonne l'univers. Leur rétine accoutumée à ce travail photographie nos attitudes, dénombre notre artillerie, observe notre système de surveillance et de protection. Avant ce soir, des télégrammes chiffrés transmettront aux officines de Berlin cette récolte de renseignements. Ils la font sans vergogne ; leur dédain nous insulte avec sécurité. Notre territoire n'est-il pas envahi ; nos alliés russes ne sont-ils pas harassés en Pologne ; la flotte britannique n'a-t-elle pas perdu, voici près d'un mois, sur les côtes de Chili, des navires semblables au nôtre ; nos amis serbes ne sont-ils pas refoulés par l'Autriche ? « L'Allemagne au-dessus de tout ! » Nous entendons cette arrogance qu'ils n'expriment point. L'un d'eux ose même jeter par le sabord un journal écrit en français. Séduit par la langue, un matelot nous porte cette gazette. Mais elle sort des presses de l'agence Wolff ; des calembours, de monstrueux mensonges, écrits dans un français qui ferait rire les nègres, y offrent aux Levantins la pâture cuisinée par les Teutons. Nous ne voulons même pas hausser les épaules : ces Allemands qui nous guettent en seraient trop heureux. Quelqu'un d'entre nous jette à la mer cette feuille roulée en boule qui trouve aussitôt sa place parmi les détritus, et nos regards impassibles toisent ces Germains incrustés le long du bord. Mais, sous l'étoffe de la redingote, notre cœur bat un peu plus vite.

Un nouvel arrivage nous distrait de ces voisins déplaisants. Conduits par des religieux français, les enfants des écoles françaises tendent vers nous leurs frimousses vermeilles. En place des récréations dans la cour du collège, on récompense leur zèle par la vue du grand navire, du navire qui porte en rade la majesté de la grande nation inconnue. Ces bambins montrent des hérédités diverses : leurs parents naquirent en Arménie, en Syrie, en Thrace ou en Macédoine; mais la douce main de la France a déjà modelé leur cervelle. Ils rient avec aisance; leurs yeux reflètent le vif et le clair, fruits de la pensée gauloise. Ils se lèvent et se rassoient, curieux de tout voir, déçus de ne point monter à bord, effarouchés et francs. Quand ils s'éloignent à regret, dans le crépuscule, leur cou se détourne longtemps, et soudain leur chœur juvénile entonne une *Marseillaise* frêle et émouvante. Les voix sont mal ajustées, l'émotion hache les strophes, mais la distance et l'heure donnent à l'hymne sacré une insoutenable magnificence. Il glisse sur l'eau comme un parfum de la patrie, s'évapore dans le couchant et devient si ténu, là-bas, près des jetées, que nous croyons entendre à travers l'espace le chant de nos soldats tapis dans les tranchées.

Au même moment, le soleil disparaît et le croiseur lui adresse son salut de tous les soirs. Deux coups de fusil retentissent dans l'air pur ; les cuivres de notre musique jouent la *Marseillaise;* l'équipage entier, chapeau bas, se tourne vers le drapeau qui descend avec lenteur des sommets de la mâture, frôle au passage les passerelles et les canons et vient coucher mollement sur l'acier l'âme de la patrie. Pendant les heures noctures, cet étendard roulé conserve dans ses plis l'amour de la France, et demain, les développant au soleil, il le fera flotter à nouveau sur les mers où nous voguerons. Instants religieux, qui chaque soir et chaque matin, dans la vie errante du matelot, font communier la nature et la patrie, ces deux éternités ; plus religieux aujourd'hui, à la face de mille témoins qui frémissent. Debout, découverts, tous nos amis dirigent leurs regards vers le triple symbole teint avec le sang, la pureté et l'espoir de notre patrie. Rageurs, nos adversaires détournent la tête. Le pavillon diapré descend avec grâce, sourit aux uns et nargue les autres.

L'eau un instant pourprée s'obscurcit et se glace. Nos canots à vapeur écartent toutes les embarcations, car il faut que toute la nuit le *Waldeck-Rousseau* demeure solitaire. Dans ce pays où rôdent tant de mauvais larrons, la vigilance ne doit point défaillir. Les barques teutonnes ne veulent point s'éloigner; on les bouscule, on les chasse, et bientôt les faces d'espions ont dégagé les approches du navire.

Les feux de la nuit s'allument sur Salonique; ses quais flamboient, ses pentes se mouchettent de lueurs dont les plus hautes se confondent avec les étoiles. Obscur et recueilli, le croiseur reprend sa faction; la rade est tout à fait endormie et le froid la recouvre insensiblement d'un nouveau suaire. A bord, on croirait que tout dort aussi, mais les yeux des veilleurs ne se ferment point, et le pavillon de France peut reposer en paix.

Pointe Kassandra, 10 décembre,
sur le combat des Falklands.

Oh ! la belle revanche !

L'escadre germaine descendait les côtes d'Amérique. Sur une région des vastes océans,

elle croyait avoir réalisé l'ambition du kaiser :
« L'avenir de l'Allemagne est sur l'eau. »
L'amiral von Spee, héraut de la gloire teutonne, montrait aux ports du Chili son étendard qu'il disait invincible, et puis un télégramme de Berlin le rappela sans doute vers la mer du Nord, afin d'ajouter la force de ses croiseurs à celle des flottes de Kiel.

Le *Scharnhorst*, le *Gneisenau* et deux petits croiseurs commencèrent le périple du cap Horn. Ils franchirent l'éperon du monde américain. Jadis, dans ce royaume des ondes australes, j'ai subi les tempêtes et les frimas qui enveloppèrent l'escadre allemande. Elle aborda l'océan Atlantique et remonta vers le nord. Sur la carte du monde, le crayon de l'amiral avait tracé les routes qui peut-être le conduisaient aux Antilles, aux Açores, aux États-Unis, en Islande, avant de toucher les latitudes boréales de Norvège et de redescendre vers l'entonnoir des chenaux germaniques. Sur ce long chemin, il escomptait des rafles fructueuses, des exécutions sommaires, protégées par cette chance qui l'accompagnait depuis la Chine et Tsing-Tao.

Dans l'Atlantique sud, le léopard britannique a posé ses griffes sur les îles Falklands et sa prévoyance y a réuni d'immenses réserves de charbon. Le *Scharnhorst* le *Gneisenau* et leurs satellites se dirigèrent vers cette précieuse proie, qu'ils comptaient prendre et vider, car elle est perdue sur l'onde comme un bateau sans défense. Les matelots allemands ressentirent, à cette approche, la joie de jouer aux adversaires un mauvais tour licite.

Mais la colère britannique avait lancé sur les flots de grands croiseurs armés du fouet. Leurs ordres portaient de découvrir, de chasser, de fustiger jusqu'à la mort les bêtes malfaisantes. De la Méditerranée, des côtes anglaises, des bons lévriers partirent pour la battue sans merci et ils balayèrent l'océan comme un râteau. A chaque escale, leurs soutes s'emplissaient, les nouvelles du monde affluaient à leurs oreilles anxieuses, et ils continuaient de descendre. Quand ils surent que leur gibier remontait les flancs d'Amérique, ils se préparèrent à la grande chasse, se réunirent et mouillèrent aux îles Falklands afin d'y prendre, en quelques heures de nuit, le charbon qu'il leur fallait pour ne pas manquer de souffle.

Hasard des flots et destin des navires! Vingt-quatre heures de retard eussent changé les soutes où s'engouffra ce charbon. A l'aube du lendemain, les veilleurs des Falklands aperçurent dans le lointain les colonnes des fumées ennemies. Elles se rapprochaient comme un cyclone, et l'amiral von Spee, sur sa passerelle, méditait déjà le télégramme qui porterait à Berlin, la nuit prochaine, le coup de tonnerre de sa prouesse. Mais de ces îlots qu'il croyait abandonnés, il vit soudain, parmi les lueurs matinales, émerger les étraves des grands croiseurs aux canons tout-puissants. Il les compta. Il vit leur force. Ses signaux ordonnèrent la fuite. Mais la meute anglaise avait reniflé le sang et jusqu'au soir elle courut et mordit.

Comme une épitaphe, je viens de lire la sentence respectueuse que l'Amirauté de Londres consacre aux ennemis tombés. L'amiral von Spee vient d'achever noblement une carrière sans tache. Perdus au milieu des beautés levantines, les officiers de mon croiseur se sont réjouis d'abord ; ils ont salué ensuite, car il n'est pas besoin de connaître encore tous les détails pour respecter une fin glorieuse.

Le *Scharnhorst*, le *Gneisenau* étaient des ennemis à notre taille, des croiseurs de notre classe. Pourquoi ne nous a-t-on point choisis,

nous trois, navires aux six cheminées? La lutte
eût été belle et la gloire française. N'affronte-
rons-nous jamais qu'un flot désert, ou des
sous-marins invisibles?

Méditerranée, 13 décembre.

Notre mission est finie; nous n'allons point
en France, mais à Malte. Les Cassandres
avaient raison, et, cette douzième fête de
Noël, je la passerai je ne sais où... Courage et
patience! Nos camarades des tranchées souffrent dans la vase et la boue. Nous commençons à grelotter sur une mer maussade. L'hiver sera dur pour tous les enfants de France.

Pendant quelques jours, le *Waldeck-Rousseau* a montré le pavillon le long des côtes
levantines. Il prouvait la vigilance de notre
patrie et son attention aux grandes secousses
qui se préparent en Orient; il encourageait
les neutres et informait le Turc que son tour
va venir bientôt. Le croiseur ne mouillait nulle
part. Son élégante silhouette passait loin des
îles et des rivages, et les populations, observant
la volute de ses six cheminées, pouvaient par
cette vision présager les événements futurs.

Un matin, nous parcourûmes le golfe aux trois riverains. Turc à Gallipoli, Bulgare à Dédé-Agatch, Hellène à Cavalla : ennemi, douteux, amical.

Gallipoli : péninsule tourmentée, montagneuse, semblable à la Corse. Derrière ses cimes, serpente le couloir des Dardanelles, sentier de Constantinople. Pour le moment, cette approche nous est interdite, et nos canons frémissent en vain ; la France et l'Angleterre attendent leur heure, le châtiment des Osmanlis viendra plus tard.

Dédé-Agatch : débouché que la Bulgarie a conquis aux derniers combats. C'est un port malencontreux sur une rive ingrate ; il semble entouré par un désert ; d'immenses casernes montrent un plâtre neuf. Butin de guerre, on l'a rempli d'armes ; gare maritime, il reçoit pour les Balkans les contrebandes navales. Combien de bateaux n'avons-nous point arrêtés, qui indiquaient ce port au nombre de leurs relâches ? Nos soupçons étaient vifs, nous devinions que par là se ravitaillaient les Turcs. Mais la Bulgarie demeure neutre, les papiers des navires portaient tous les sacrements, et il a fallu laisser passer.

Cavalla, Thasos et Samothrace : port et îles

grecques. Sur le premier, les Bulgares mécontents jettent des regards convoiteux ; ils ne sont pas consolés de l'avoir perdu en même temps que Salonique. C'est une discorde de cet Orient qui ne finira jamais ses disputes, et le nom de cette ville résonnera dans les discours humains avant que la guerre soit finie... Au sein de Samothrace, les amoureux du marbre ont trouvé la statue dont s'enorgueillit le Louvre. A Paris, en haut d'un escalier, elle montre aux foules recueillies la grâce de son élan, la perfection de ses formes drapées. Elle symbolise la Victoire. Pour l'avoir recueillie dans le temple de ses chefs-d'œuvre, la France mérite d'ajouter un fleuron à la couronne de cette marraine. Elle n'y manquera pas... Nos pensées attendries se posent sur les roches violettes où la Victoire dormant sous la terre attendit tant de siècles avant de se réveiller sur un parvis de France.

Toutes ces visions s'effacent. D'autres leur succèdent, et chacune apporte un nouveau rêve. Par un soir divin, un des derniers beaux soirs de l'année finissante, le croiseur a longé le mont Athos, joyau de la chrétienté. Ses pentes ressemblent à une robe de cour semée de gemmes. Des cabanes d'ermites, de solitaires, s'accrochent aux arêtes aimées des vautours et des aigles. Les hommes pieux, qui préparent pendant leur vie les extases éternelles, y coulent des jours austères et embaumés d'oraisons.

Plus bas, le chaos des couvents forme une ceinture; de tendres couleurs, bleu, rose et vert effacés, apportent sur les murs la douceur des pensers religieux; des hommes vêtus de noir, le noir qui représente le deuil des passions terrestres, y prient pour les péchés de l'univers; ils vivent dans une autre planète, et les clameurs du monde viennent mourir au pied de leur oratoire.

Devant ces prêtres et ces séminaristes, notre croiseur enfumé passe comme une comète qui vient de l'inconnu et va dans l'infini. Les prêtres du mont Athos nous saluent; ils lancent des fusées, toutes pâles dans le crépuscule; ils font jaillir des pétards, des feux de Bengale, et peut-être leurs voix conjuguées nous envoient-elles un affectueux bonjour. Mais la comète maritime passe; ces bruits lui parviennent, mourants, comme doivent parvenir aux altitudes célestes les vociférations des hommes.

Au détour d'un petit cap, scintillent de gigantesques couvents coiffés d'or. Ils sont beaux

et mélancoliques. La foi des Orientaux en a
fait les kremlins du Christ, et le soleil qui se
couche les enveloppe d'un incendie plus ra-
dieux que celui de Moscou. Des couleurs suprêmes s'allongent sur la montagne et son
peuple de maisons pieuses. Comme pour mieux
voir l'ensemble, le *Waldeck-Rousseau* s'éloigne;
il chemine entre le soleil suspendu dans une
béatitude rose et le mont Athos qui tressaille
sous la caresse de la lumière. Éclatante sur les
crêtes et recueillie dans les ravins, elle vit et
se transforme comme une mouvante harmo-
nie de violons. Sur le sommet, les froids de
décembre ont mis un clou de neige, qui ac-
cueille les sourires changeants du soleil et les
reflète dans tout l'espace, adoucis et volup-
tueux... En quelques minutes, des violets
s'emparent de l'étendue; ils se foncent insensiblement, et le *Waldeck-Rousseau*, pour cette
nuit errante, navigue dans une atmosphère
épiscopale.

Pitié à celui qui ne s'émeut point des féeries
de la nature! Pitié à celui qui ne connaît pas
les grandes leçons de l'histoire! Cet homme
ignore des plaisirs qui ne se fanent jamais.
Voici quinze jours, la mer Ionienne me livrait
le secret de l'héritage grec. Le mont Athos et

ce beau soir me révèlent un autre héritage, légué par Jésus-Christ.

Des déserts de la Palestine, une voix s'est levée jadis parmi les cohues romaines. Elle faisait redescendre sur terre les archanges éblouissants qu'avaient exilés les enfants de Caïn. Ces archanges s'appellent la Bonté et la Justice. Oh ! je ne suivrai point leur martyre séculaire. Comme des hermines égarées chez des bêtes féroces, elles ont souffert ; leur cœur et leur corps ont saigné, et les méchants se sont vantés de les avoir supprimées du monde.

Mais une nation s'est trouvée, qui recueillit en ses mains maternelles ces deux puretés palpitantes ; elle les ranima sur son sein ; elle prit à leur contact délicieux le courage de souffrir, et de même que les premiers chrétiens se jetaient vers le supplice plutôt que de renier leur divin maître, de même la France, voici plus d'un siècle, pensa mourir de sa tendresse pour la Justice et la Bonté.

Au mois d'août 1914, l'épée haute et la poitrine ouverte, étayée par les deux archanges, elle a de nouveau relevé le défi des forgerons de la cruauté. Son peuple et ses ministres ne s'y sont pas trompés. Incroyants ou religieux, leur évangile et leur excuse sont ceux du Galiléen.

C'est bien dans ses sublimes paraboles, et non dans les décrets du vieux Dieu germanique, que la France a cueilli la fleur plantée à son cimier. Blanche et d'une matière incorruptible, cette fleur se reploie pendant les semaines que nous vivons, mais la fange allemande ne la souillera point, les obus ne couperont pas sa tige, et l'aurore n'est pas lointaine où sa corolle épanouie répandra sur l'univers les parfums doux à respirer.

Que la France me paraît belle et comme en cette nuit je m'en sens amoureux! Reconnaissons, ô Français, la fortune d'avoir été nourris par une mère aussi charmante. Dans le sein de l'antiquité, deux trésors sans prix se formèrent : la beauté grecque et la bonté chrétienne. C'est notre France qui les a sauvées de la mort. Nul peuple, nul territoire, n'a voulu recéler ces héritages. Tout notre sang suffira-t-il à en payer la splendeur inespérée? N'ayons garde de défaillir. Sous mes yeux, dans la clarté lunaire, défilent les îlots et les terres vénérables; franchissant les siècles, mes souvenirs posent leurs arches sur chacun de ces appuis légendaires et forment un pont qui s'appuie, là-bas, sur Jérusalem et sur Athènes.

Jérusalem et Athènes! Les Turcs barbares

et les Romains ignorants les ont dédorées de leur prestige. Les enfants de ces deux cités ne surent pas défendre leur patrimoine, et deux mille années de servitude, de ruines, de mort, ont livré ces insouciants à la pitié de l'histoire. Prenons bien garde de les imiter. Ignorantes et barbares, les hordes germaniques tendent leurs serres. La pensée gracieuse et le corps exquis de la France reçoivent le même affront que ses sœurs antiques. Mais les mêmes catastrophes ne succéderont point aux mêmes faiblesses.

Oublions les pensées frivoles et les discours de naguère. La beauté doit être forte, et l'on ne peut sourire que lorsque le poing est lourd. Souffrons, sachons attendre. A ses fils qui meurent, la France demande le droit de resplendir. Combien ne l'adorerons-nous pas, au moment où posant l'épée, dénouant sa tunique de fer, offrant à l'univers un visage encore rose d'émotion et des yeux approfondis par l'angoisse des batailles, elle dira, d'une voix brisée et avec un sourire chargé d'orgueil : « J'ai consenti à verser le sang ! Laissez-moi désormais semer des fleurs ! »

15 décembre,

*après le bombardement des havres britanniques
par les croiseurs allemands.*

Et nous aussi, nous pourrions acquérir cette gloire de déchiqueter des femmes et des enfants. Qui nous en empêche dans l'Adriatique? Demain, si les marins français étaient des bandits, l'univers apprendrait que leurs canons ont bombardé les villes ouvertes et l'archipel Dalmate, et que, revenus indemnes sur nos bases de croisière, nous avons éludé la vigilance de l'Autriche.

Où donc les Allemands apprirent-ils la guerre! Chez eux seuls, l'honneur naval n'existerait-il plus? Je ne peux point le croire. Il est des tâches qu'un marin n'accomplit que la rage au cœur, et ceux qui ont tiré sur Yarmouth, Grimsby et Scarborough demandèrent à Dieu pardon du crime qu'ordonnait leur empereur. Seul cet homme a pu contraindre des matelots à détruire les villes paisibles. Le son des obus qu'il a fait lancer sur une côte sans défense sifflera dans l'histoire autour de son nom maudit.

Commandant de l'*Emden*, amiral des croiseurs coulés aux Falklands, capitaine des paquebots de guerre, je devine vos mânes frémissant de dégoût. Loin des conseils de votre maître, vous avez sur les mers distantes fait craindre un étendard sans souillure. Votre conscience a suivi avec noblesse les règles de la destruction. Vous avez vaincu. Vous avez été vaincus. Dans la grande confédération navale, nul ne songe à prononcer vos noms sans mettre chapeau bas. Avant votre défaite, j'aurais serré votre main redoutable, heureux de toucher des doigts qu'aucun crime n'aurait salis. Mais ces croiseurs de la mer du Nord, reptiles qui sentent la pourriture, qu'on les traque ainsi que des bêtes puantes, qu'on les exécute ainsi que des apaches maritimes, qu'on les assassine même, — et tous les marins du monde, neutres ou belligérants, penseront que leur châtiment est trop noble pour leur lâcheté.

LES CROISIÈRES IONIENNES

Fin de décembre 1914.

Vers deux heures du matin, loin dans le sud, glisse une théorie de fantómes. Depuis plus d'une semaine, nous avons quitté Malte, dont nos croisières monotones effacent presque le souvenir... C'est une nuit de mauvaise humeur. La pluie fait rage. Le vent fouette sur nos yeux et nos lèvres des poignées d'ortie liquide. On grelotte... J'aperçois quand même le défilé des carènes et des mâtures cahotées par la houle. Un convoi britannique passe là-bas, qui porte les régiments hindous des mers étincelantes d'Asie aux brumes de la Flandre. Ses feux paraissent et disparaissent au tangage, et il ne devinera point notre présence obscure.

Gardiens inconnus, les croiseurs ont créé la sécurité des flots pour ces transports qui ne résisteraient pas au moindre torpilleur ennemi. A distance, les navires français les accompagnent, se tiennent entre eux et l'Autriche, et, à la fin du parcours prescrit, laissant à d'autres le soin de la sauvegarde, s'en vont à de nouveaux devoirs. Les bâtiments venus de l'Inde et de l'Australie auront pu s'imaginer que la mer était vide, et que d'heureux hasards les ont conduits au port. En certaines journées plus claires, quand ils distinguent parmi les nuages une imperceptible fumée, se doutent-ils qu'elle émane d'un de leurs anges gardiens?

Si notre tâche ne consiste qu'à libérer la route à nos aides exotiques, la dureté de notre faction y trouvera des récompenses. Pour la première fois dans l'histoire des mondes, une guerre appelle sur l'Europe, en défenseurs et non point en dévastateurs, les enfants de l'immémoriale Asie. Soyons les bons ouvriers de ce miracle.

Peut-être, plus tard, en quelque voyage imprévu, parcourrai-je à nouveau tel bazar des rives du Gange, ou bien admirerai-je, sous le ciel limpide, les dentelures mystiques d'un temple de Brahma... Coiffé du turban et les pieds nus, un homme brun m'approchera; ses

yeux vifs riront d'aise à la vue du Français
perdu parmi les multitudes hindoues ; ses dents
blanches illumineront son sourire, et il mur-
murera quelques mots de la langue si belle
qu'elle fait tressaillir sous toutes les latitudes.

« Toi Français... Paris... Marseille... Bonjour, monsieur ! » osera dire cet homme.

Je me retournerai, lui rendrai son sourire :

« Sois le bienvenu, répondrai-je, ô toi qui
me salues dans le parler si doux. »

Et nous cheminerons ensemble. Cet homme,
né dans le Pendjab, l'Himalaya ou le Dekkan,
tirera du trésor de ses souvenirs une fresque
merveilleuse. Il me dira les batailles de la
Marne, de l'Oise ou de l'Escaut. Ses yeux,
ravis d'avoir parcouru tant de pays étranges,
prendront un regard fixe et profond ; des méta-
phores surprenantes feront revivre les cités
entrevues pendant l'ivresse du combat : Paris,
Reims, Ypres, tant d'autres. A certains moments, il me prendra le bras, avec respect
d'abord, et puis avec confiance, à mesure que
les spectres du passé se dégageront de sa
mémoire assoupie par le soleil. Toute l'épopée
d'Europe, déjà pâlie et presque irréelle en son
humble cerveau, ressuscitera pour ma joie
mélancolique.

Peut-être aussi, Dieu le veuille, mon ami d'un instant aura poussé jusqu'à Berlin son aventure victorieuse. Il tirera de son sein une image entourée de chiffons, une carte postale figurant l'allée des Tilleuls ou l'Avenue de Brandebourg. Sous le soleil flamboyant des Indes, je contemplerai, songeur, ces moroses architectures, et mes pensées feront battre en mon cœur des coups sourds que je ne trahirai pas.

« Tu vois, monsieur, je suis allé jusque-là. »

Il posera son ongle sur le Palais des Empereurs, et la majesté des hommes qui ont accompli ces choses resplendira sur sa face obscure. Sans rien dire, nous nous regarderons profondément, vivant une minute unique dans l'éternité. Et puis, quelque chose rompra le charme : cri de la rue, rixe de cipayes ou aboiements de chiens. L'Hindou cachera vite l'image crasseuse, et chuchotera plus vite encore :

« Après, je suis revenu, et ç'a été fini. »

Nous irons quelques pas, et il gardera le silence, ayant achevé de dire tout le roman de sa vie. Ce roman ne reviendra plus. Nul Hindou ne le vivra de nouveau. Moi-même, la tête basse et les mains derrière le dos, je ne trouverai point de paroles qui soient égales à son rêve et qui soient égales à l'écho brisant de nos souvenirs. Au tournant d'une allée, je lui tendrai ma main qu'il baisera sans doute, et quelques secondes plus tard les tourbillons de la foule nous auront à jamais disjoints.

Va, bel Hindou à l'âme ensoleillée, va vers le songe qui enchante ton sommeil bercé par le grand roulis du paquebot. Mes paupières brûlent et je suis transi jusqu'à l'âme, mais tu n'as rien à craindre ; les croiseurs veillent sur ton voyage et sur celui de tes frères, car vous allez vers la France et lui donnez votre cœur et vos bras, vos seules richesses.

1ᵉʳ janvier 1915, trois heures matin.

Je descends du quart. Mes bottes de mer, mon suroît et mes vêtements huilés dégouttent sur le linoléum de minces ruisseaux malpropres ; mes cheveux sont collés par le sel, et une forte migraine, enfoncée dans mes tempes par la pluie et la rafale, m'empêche de dormir. Dans la cabine close, à peine plus grande qu'un compartiment de chemin de fer, cela sent le caoutchouc, le goudron et le rance ;

le calorifère à vapeur ajoute un relent de métal brûlé ; l'exhalaison des chaudières et des machines, filtrant à travers les ponts, assaisonne le tout d'une odeur fade ; la carène reçoit les éternels coups de bélier de la mer qui s'acharne et ruisselle en avalanche. Par les jointures du sabord, vissé à toute force, suintent des filets qui bavent sur la cloison et forment une mare. Depuis je ne sais combien de jours, cette cabine n'a pas reçu la moindre bouffée d'air pur, et la lampe électrique, falote, y scintille dans une atmosphère fuligineuse.

D'une serviette déjà souillée de charbon, j'enlève la croûte de sel et de suie collée sur mon visage ; ensuite, je lave mes doigts gourds dans la petite mare ferrugineuse qui danse au fond de ma cuvette, et, assis devant mes papiers, mes archives, j'obéis aux mouvements du croiseur qui chevauche dans la bourrasque. Des cloportes, des cancrelats familiers risquent sur mon bureau des voyages craintifs. Un rat, gris et audacieux, ronge dans ma corbeille à papier de vieux buvards et des bouts de ficelle. Il n'a pas peur de moi et je n'inquiète pas son maigre festin. Quel sinistre prélude à l'année qui s'ouvre !

Où étais-je tout à l'heure, en haut de cette passerelle enveloppée d'eau? Dans l'intervalle de ma veille, l'an 1914 s'est retiré parmi les morts, l'an 1915 a vécu son premier instant. L'averse a béni cette agonie et cette naissance, et la rafale aux poumons d'acier a hurlé de toutes ses forces. Les nuages et la mer formaient un chaos où des marins s'évertuaient à ne rien voir, où un croiseur, ballotté des lames aux creux, cherchait sa route. A cent, à deux cents milles de nous, d'autres navires enfonçaient leur étrave dans le chevauchement des vagues, et d'immenses tristesses accompagnaient leur labeur.

Deux deuils récents planent sur l'armée navale : le torpillage du cuirassé *Jean-Bart* et la perte du sous-marin *Curie*. Dans la confrérie des hôtes de la mer, les blessures ou la disparition d'un seul créent des vides douloureux.

Le *Waldeck* ne prit point part à cette dernière expédition de l'Adriatique où les escadres, de nouveau, allèrent tenter l'Autriche. Il poursuivait d'autres besognes, et sans lui, croiseurs, cuirassés et contre-torpilleurs remontèrent l'avenue liquide, y séjournèrent. Après une attente vaine, ils redescendaient en marche triomphale vers le canal d'Otrante. Énervée par leur infructueux effort, leur vigilance était peut-être moins stricte, et ils allaient lentement, dédaigneux d'un adversaire rétif au combat. Mais l'Autriche, qui n'accepte point les tournois du plein air, avait dépêché sur leur passage ses bêtes venimeuses. Par les lentilles du périscope, le commandant d'un sous-marin de Cattaro vit surgir à l'horizon la splendide compagnie des cuirassés. Fier, trapu, le *Jean-Bart* les conduisait à la descente comme il les avait entraînés à la montée; en haut de son mât flottait le pavillon du commandant en chef, et ses officiers contemplaient mélancoliquement la mer stérile. Mais l'Autrichien, tapi dans les ondes, frémit à l'approche des proies inespérées; chacun des hommes enclos dans les flancs du sous-marin prêta ses doigts aux ordres précis et joyeux.

Oh! les minutes que durent vivre ces matelots et ce commandant! Comment ne pas envier l'émotion de la découverte, de l'action décisive? Les frontières s'écroulent devant l'audace et le courage, et l'on jalouse un adversaire heureux pour la beauté suprême d'un coup plein de dangers. Toutes ses énergies concentrées dans le regard et sur les lèvres, le lieutenant de vaisseau d'Autriche regardait venir les puissants cuirassés; il manœuvrait à petits coups, de droite, de gauche, plus haut, plus bas, comme un artiste. S'il se laissait voir, la mort soudaine engouffrerait son équipage et lui-même; les facultés les plus nobles, les plus pures de l'officier de toutes nations s'exaltaient en lui. Quand ses calculs et son expérience l'avertirent que le *Jean-Bart* atteignait le point fatidique, il donna deux ordres, et deux torpilles, à quelques secondes d'intervalle, se faufilèrent parmi les ondes vers la carène visée.

Inoffensive et perdue, l'une passa derrière le *Jean-Bart*. Mais l'autre creva l'avant; un bruit sourd avertit les matelots que la mer cherchait une victime; par la brèche, l'eau bondit dans le poitrail du cuirassé, déchira, tordit les cloisons et ne s'arrêta que devant une muraille assez forte pour épuiser son essor. Tel un lutteur étourdi, le *Jean-Bart* baissa le front, enfonça dans l'eau son étrave. Il portait plus de mille hommes : aucun n'eut peur. Devant le désastre, tous firent instantanément leur devoir, et le navire survécut. Le hasard avait fait partir deux ou trois secondes trop tôt la torpille, qui l'eût autrement détruit. Dans quelques mois il reprendra sa place parmi nous.

Le *Waldeck-Rousseau* a couru ces risques. Harcelé plusieurs fois par les sous-marins, son entraînement à cette sorte de risque a sans doute permis qu'aucune de ses tôles ne soit encore atteinte. Son équipage se réjouit d'avoir détourné le destin du *Jean-Bart*, mais que sera l'avenir? Continuons à faire notre devoir, ouvrons des yeux encore plus grands, efforçons-nous de conserver notre beau navire hors de l'hôpital ou du tombeau.

Depuis cette avarie du *Jean-Bart*, on ne s'aventure guère en Adriatique que pour des missions bien définies. Les sous-marins ennemis ont démontré leur présence, qu'on pouvait nier à la rigueur aussi longtemps qu'aucun de nos navires, par chance ou par habileté, n'avait reçu leur atteinte. C'est une tournure habituelle de l'esprit des hommes : ils déprécient le danger qu'ils ne frôlent point... Le bâtiment amiral ayant été touché, la zone d'opérations se transporte vers le sud, dans la mer Ionienne. Les battues des croiseurs sont plus vastes et le temps est affreux. Cette mer forme un carrefour des vents.

Venus des quatre coins de l'horizon, les

enfants d'Éole s'y rencontrent et s'y culbutent.
Le fond de l'Adriatique, l'Albanie engendrent
une bora claire, glacée, capricieuse, qui descend au grand galop, contenue d'abord par le
corridor des rivages, épanouie soudain sur un
libre espace où elle bouleverse les flots… Par
dessus l'Épire et la Morée, survenus de Syrie
et d'Asie Mineure, les vents d'est et de sud-
est charrient des ondées brutales… Échauffés
au sud et au sud-ouest par les sables du Soudan et de Libye, les restes du simoun trans-
portent d'inépuisables nuages… Et quand
galope la grande brise d'ouest, née dans
l'Atlantique, lancée par-dessus Gibraltar et la
Sicile, elle arrondit des houles gigantesques
qui viennent se briser sur le mur des îles Ioniennes et les renvoie, les coupe et les con-
jugue en mascarets informes, sur quoi nous
sautons et roulons, comme ivres. Pluie et
vent, écume et nuées, nous ne voyons rien
d'autre que ces éléments gris. Les bateaux
évitent ces parages, où passent d'habitude peu
de routes commerciales et que notre présence
rend encore plus fâcheux. C'est une sorte de
place déserte dans la cité maritime. Les oiseaux aquatiques ne nous accompagnent plus :
ils useraient leurs ailes au milieu des rafales.

Un vide tourmenté, une marche de Juif-Errant, voilà l'existence actuelle des croiseurs.

Tout à l'heure, en montant au quart, mon camarade et moi, pour célébrer le nouvel an, avions emporté sur la passerelle une bouteille de champagne, un pauvre champagne économique, quelque saumur baptisé : notre bâtiment ne recèle point de boisson rare. Dans l'abri de navigation, cinq coupes avaient été posées sur la carte de la mer Ionienne : leurs pieds ronds couvraient la Sicile, l'Apulie, Corfou, le Péloponnèse et la Libye ; la bouteille occupait le secteur du *Waldeck-Rousseau* et attendait les cinq officiers de service dans la tourmente. Il tombait une pluie noire et gelée. L'onglée mordait. En étendant la main, nous ne distinguions pas la pointe de nos doigts... Un timonier ruisselant vint hurler à nos oreilles : « Capitaine, il est minuit. » « Lieutenant, il est minuit. »

Arc-boutés contre une rafale qui nous arrachait du sol, nous essuyâmes nos yeux larmoyants. Nous ne pouvions point entrer ensemble dans l'abri de navigation ; un groupe de deux, un groupe de trois s'y glissèrent à tour de rôle, et celui qui ne buvait point continuait la veille.

Sous le pinceau blafard d'une lampe électrique, parmi les livres de mer, les documents confidentiels, les cartes, nous nous tenions debout, n'osant pas remuer, de peur d'inonder les précieuses paperasses. L'un déboucha le flacon, qui fit en fusant un pétillement raté, comme notre fausse allégresse. On éleva les coupes. Des gouttes d'eau tombèrent de nos manches, et nos doigts vacillèrent. On attendait le toast et nul ne trouvait rien à dire... La France envahie... La guerre au long avenir... Nos familles si lointaines... Tant de deuils... Point de joies de métier ni d'espoir de bataille... Un temps maudit et un corps glacé... Dans nos yeux, brillait quelque chose d'humide, qui n'était pas de la pluie; nous étions tristes et tâchions de sourire. Les coupes tremblaient.

« A la France! » murmurai-je enfin. C'était la seule chose radieuse qui me vînt à l'esprit. « A la France! » répondirent les autres, et le cristal choqua nos dents. Personne n'absorba son breuvage. Après une gorgée, nous ne pûmes plus boire et reposâmes nos coupes au hasard. Par la porte entre-bâillée, le vent et la pluie se précipitèrent, et l'un après l'autre, le gosier serré, nous reprîmes sur la passerelle notre obscure faction.

Deux heures encore avant de descendre, deux heures de bourrasque et de rêverie anxieuse! Comme une étoile qui brille au milieu d'un cyclone, la pensée veille dans un corps recru de fatigue. Par vagues, les grandes tragédies de l'année morte surgissent du passé et se concentrent sous le front d'un officier harnaché de vent... Le Paris délicieux du printemps et de l'été... Les plans d'avenir... Le tonnerre de Serajevo... Le couteau mis par l'Autriche sous la gorge de la Serbie... L'ouragan diplomatique... La guerre... Les Prussiens près de Paris... La Marne immortelle... Les randonnées adriatiques... La Russie ondoyante... La Turquie déchaînée... La Serbie envahie et libérée... Les drames de la mer... Cinq mois de croisière épuisante... Le sous-marin *Curie*...

3 janvier,

après quelques quarts et du mauvais temps.

Le *Curie!* Voici près de vingt jours, je causais avec son commandant (1), qui me confiait ses

(1) Le lieutenant de vaisseau O'Byrne.

espoirs. Bel homme au regard clair, il pensait avec force et parlait avec douceur. Il préparait une pointe jusque dans Pola, repaire autrichien, et me donnait les détails techniques, les dispositions de cette extraordinaire entreprise. Un enthousiasme réfléchi jaillissait de son discours. Un tel officier, sur un tel bateau, avec l'équipage qu'il décrivait, pouvait tenter l'impossible. J'enviai sa fortune.

Mais le hasard, Dieu des marins, ne voulait point qu'il triomphât. Des radiogrammes, des nouvelles ont annoncé que, dans le port même de Pola, le *Curie* fut arrêté par des barrages. Plus tard, les survivants de cette aventure épique donneront le détail de leur audace et de leur déception. Ils se morfondent aujourd'hui dans quelque forteresse d'Autriche ; Dieu veuille qu'un jour je serre la main du commandant.

Tout seul, enfant perdu de l'armée navale, le *Curie* s'était lancé sur les champs dangereux de l'Adriatique. J'ignore ses parcours, ses alertes et ses ruses. Naviguant de nuit, s'abritant de jour, dardant sur l'horizon des regards vifs, il remonta la côte d'Italie jusqu'aux lignes autrichiennes. Dans le fond de l'Adriatique il naviguait déjà parmi les embûches; chaque vague de la mer ennemie représentait son linceul. L'âme et le corps également durcis, les vingt-cinq hommes approchaient le dédale hostile; leur cœur joyeux endurait tout, la nourriture hâtive et sommaire, l'atmosphère suffocante de la prison d'acier, les relents de pétrole, les bouffées d'hydrogène, les vapeurs sulfuriques et huileuses qui alourdissaient la tête et soulevaient l'estomac, les alternatives glacées et torrides de la surface et de la plongée, l'angoisse et les alertes, le merveilleux espoir de pénétrer dans le coffre-fort où les cuirassés autrichiens se cadenassaient à triple serrure, la noble crainte d'échouer au seuil, et la tempête de pensées qui traversent le cerveau des braves au moment d'agir.

6 janvier 1915.

Un jour, à la fin de leur randonnée vers le péril, ils aperçoivent à l'horizon d'hésitantes pénombres. C'est le rivage d'Autriche, c'est Pola. De vagues fumées recouvrent ces limbes où le commandant devine les escadres au fond du port bien gardé. L'étrave du *Curie* se dirige sur ce cimetière : qu'il soit le sien, qu'il soit le leur, quelqu'un doit y mourir. Officiers et matelots font ensemble le grand acte de foi, l'offrande totale de leur jeunesse et de leur force à la patrie lointaine qui veille en leur poitrine comme un flambeau dans un temple. Le sous-marin plonge. On n'y entend plus que le glissement de l'onde. Sur la coque, le ronflement des moteurs aussi souple que l'âme obéissante des hommes, et les ordres brefs de l'officier.

Il voit, les autres ne voient rien. Par le périscope, son œil s'emplit de spectacles grandissants ; la terre monte, les fumées noircissent, les limbes se précisent en phares, en forteresses, en promontoires, et il aperçoit enfin des mâtures immobiles. Entre ces mâtures et lui dort le réseau des digues, des barrages et des filets ; contre lui, l'Argus autrichien braque cent regards et cent armes : torpilles, mines, canons, grand'gardes, sémaphores et vigies. Nul des matelots n'hésite. Immobiles devant leurs soupapes et leurs manettes, ils attendent les mots souverains de celui qui voit, et voudraient pressentir la volonté pour l'accomplir encore plus tôt. Ils observent le grand silence précurseur des grandes œuvres, et l'espérance bourdonne en leurs âmes.

Les gouvernails manœuvrent, les manomètres décèlent des profondeurs variables; le sous-marin touche au parvis et aborde les passes hérissées de traquenards. Un plus grand silence flotte sur tous. Statues de chair, leurs mains sont fermes et leurs yeux étincelants se concentrent sur l'homme dont les prunelles demeurent rivées au périscope; mais l'on devine aux mouvements de son front, au timbre de sa voix, le danger qui approche, le danger que l'on touche, le danger que l'on passe. « Maître à son bord après Dieu, » dit le proverbe naval... Cet officier est Dieu, qui tient dans l'excellence de ses paroles et de ses regards la vie de vingt-cinq hommes : par la magie de la confiance, ils éprouvent tout ce qu'il sent.

Le *Curie* a passé. Obstacles sur obstacles ont été franchis. A je ne sais quoi de plus libre dans l'allure de leur commandant, les matelots devinent le butin très proche. Assoupis au mouillage, les cuirassés flottent à petite distance. Quelle possibilité qu'un sous-marin, venu de la mer Ionienne, arrive jamais en plein cœur de Pola?... Les équipages autrichiens somnolent; le verre en main, penchés sur la carte, les officiers raillent sans doute l'armée navale française. C'est jour de fête.

Quiconque n'est pas de service se distrait à terre. Dans la ville en liesse, des toasts ont dû célébrer les victoires germaniques, et, sur les places, des orchestres font entendre du Wagner ou du Brahms. Pola ressemble à quelque bonne ville de Gascogne ou de Provence, bien abritée de l'ennemi ; entre le journal du matin et le communiqué du soir, elle oublie le grand drame de la guerre distante. Mais le *Curie* circule aux profondeurs de sa rade.

A partir de cet instant, les radiogrammes sont muets et l'Autriche n'avouera pas. Qu'a fait notre sous-marin ? A-t-il blessé, a-t-il coulé quelque navire qui se croyait inexpugnable ? Ou bien, se faufilant vers les cuirassés, se prit-il trop tôt dans un barrage perfide ? Les dernières nouvelles l'annoncent arrêté par des mailles de fer. A l'aller ou au retour ? Le mystère sera bien gardé. Quel désespoir, quelle mort en pleine vie, lorsque les vingt-cinq héros du *Curie* comprirent qu'ils n'iraient pas plus loin !... Un froissement se fit entendre sur la coque : c'était l'étrave pénétrant dans le filet comme un poisson dans le chalut. Averti par ce bruit sinistre, le commandant voulut faire machine en arrière, mais les gouvernails latéraux, débordant comme des ouïes et des nageoires, s'embarrassaient déjà dans cette mousseline métallique.

Dès lors, quels que fussent les mouvements du *Curie*, la masse du filet le suivit avec mollesse, l'étreignit sans se rompre ni livrer passage. Combien de fois son commandant répéta-t-il les manœuvres de salut? Je n'en sais rien. Quels miracles d'invention appela-t-il à son aide? Je n'en sais rien. Tout effort inutile, détournant enfin du périscope vers l'intérieur du petit navire ses yeux agrandis par l'horreur, il contempla les hommes attentifs, l'engin prodigieux qu'il avait conduit au but et qui n'en reviendrait pas; il pensa : « Nous sommes perdus! »

Prononça-t-il ces mots? Qu'importe! Tous les comprirent et pardonnèrent. Venus pour mourir ou pour vaincre, ils acceptaient de mourir avec l'officier sans reproche. De l'un à l'autre passèrent des regards atterrés, mais ce n'était point d'épouvante. Ils regrettaient. Prêts à râler d'asphyxie, d'empoisonnement, de faim, de soif, de noyade et de folie, tout cela n'était rien au prix de leur déception.

Pendant ce temps, sur la rive, des sonneries électriques reliées au barrage annonçaient que quelque chose venait de s'y faire prendre. Les veilleurs échangèrent des regards stupides et se refusèrent à croire que ce fût un sous-marin. Ils supposèrent d'abord qu'une épave entre deux eaux mettait le barrage en branle et ne se rendirent à l'évidence que devant les remous, les bulles d'air, l'effort extérieur d'une chose vivante qui se débat.

L'hypothèse d'un sous-marin français ne leur vint pas à l'esprit et ils téléphonèrent à l'Amirauté, qui devint songeuse... Quelque sous-marin de la station, retournant du large vers le bercail, se démenait sans doute dans le barrage dont il aurait dû connaître les secrets... Sur-le-champ, les chefs appelèrent tous les officiers des sous-marins, prêts à tancer vertement, après lui avoir porté secours, le commandant ridicule qui manquerait à l'appel... Mais les officiers se présentèrent tous, et l'on admit enfin, contre l'évidence, que ces diables de Français avaient atteint le fond des passes. Les amiraux se turent comme on se tait devant un prodige.

Pendant combien d'heures, tel un noble fauve brisant ses griffes et déchirant ses membres, le *Curie* essaya-t-il de rompre l'étreinte? Le savoir, la prudence, les audaces suprêmes ne le sauvèrent point, et je jure qu'aucun autre équipage n'eût réussi là où il échoua. Peu à peu, épuisé, rendu, le poisson d'acier remonta.

8 janvier.

Et les spectateurs aperçurent la carapace venue de France. Des canons, fusils et mitrailleuses l'inondèrent de projectiles, mais les matelots presque asphyxiés ouvrirent les panneaux étroits. Ils consentaient à ne plus mourir dès que leur mort cessait d'être nécessaire, et les salves épargnèrent cette phalange surhumaine qui se rendait. Pola rassemblée vit le débarquement des marins surgis de l'impossible. Les survivants passèrent, qui chancelaient encore de leur incomparable aventure. Je gage que dans la foule il n'y eut point un seul geste mauvais contre ces martyrs. Peut-être, devant ces visages terribles et beaux, ces vêtements en loques, les femmes se signèrent-elles et les hommes saluèrent-ils. Les marins du *Curie*, qui ne reçurent point alors la bénédiction de la France, lurent au respect de leurs vainqueurs la magnificence de leur œuvre manquée.

Et nous, qui voguons en mer Ionienne, nous décernons à cet équipage la palme aux rameaux invisibles. Quand au milieu de la bourrasque notre rêve reconstruit cette épopée de nos frères, nous les envions, nous les plaignons et échangerions tout le vagabondage qui nous reste à faire contre les quelques heures que ces hommes vécurent.

Cette admiration n'est point vaine. Aux heures présentes, on ne gaspille pas l'enthousiasme ; les citations, les ordres du jour créent un paradis de braves où l'on ne se prosterne que devant les archanges. Les plus décidés optimistes ne soupçonnaient point, avant la guerre, que notre race sublime jetterait d'une main si prodigue les semences du courage. A notre étonnement ravi, jugeons la stupeur de l'univers. Nous vivons un âge que les Grecs eussent peuplé de demi-dieux, et l'Homère qui tentera de le célébrer brisera sa plume et sa lyre, parce que les mots lui manqueront.

Toutes les vertus ont rejailli du sol fécond de la France. Chaque âme y est un rosier où des fleurs soudaines viennent d'éclore. Le lâche s'est lancé vers l'audace. L'égoïste éparpille son cœur. L'athée s'agenouille devant la patrie. Je crains que ces prodiges ne soient pas évidents aux Français qui demeurent sur le terroir natal, mais les marins exilés ne s'y trompent guère, et pourtant ils ne voient que des journaux et des lettres, du noir sur du blanc. A travers ces lignes, passe un souffle semblable au vent pur qui balaie un ciel sombre. Tout devient clair et lumineux. Il faut être bien loin pour admirer l'auréole qui nimbe, plus étincelante d'heure en heure, les destinées de la patrie. Les fautes, les erreurs s'y évanouissent comme les taches obscures sur le disque fastueux du soleil. Chaque pensée française est un rayon de l'astre qui vient de surgir. Ces rayons sont si chauds, et ils portent si loin, que leurs pointes parviennent jusqu'à nous, qui vivons je ne sais où parmi les tempêtes.

Avant-hier, je parcourais deux lettres d'un même courrier. Il faisait un temps de fin du monde. Informes et livides, les nuages déversaient des torrents obliques sur l'onde exaspérée ; le croiseur s'évertuait dans une ronde de spectres aux chevelures liquides, qui étouffaient la lumière moribonde... Les deux enveloppes gisaient sur mon bureau balancé par le roulis. Tracée en encre bleue sur un vélin de prix, la première montrait une adresse anguleuse ; dans le rectangle de l'autre une écriture hésitante avait troué le mauvais papier de bazar. Celle-là dégageait un parfum délicat, que j'ai connu naguère à une belle Parisienne fort coiffée, qui oscillait entre l'amour d'un loulou de Poméranie et la prétentieuse inanité des thés-tangos ; elle n'accordait à son mari, bibelot encombrant, que ce que le Code civil ordonne de devoirs. La seconde enveloppe ne sentait rien ; les parfums de papeterie sont inconnus à la dactylographe drôlette, pâlotte, dont j'empruntai à Paris les offices diligents ; c'était alors une antimilitariste farouche ; son père, ses frères s'égosillaient aux meetings de la salle Wagram, et j'étais souvent pris de court par ses propos anarchistes.

Aux premières alertes de fin juillet, il m'advint dans le même jour de m'entretenir avec l'une et l'autre femme.

« Vous verrez, me dit la première, posant sur mon épaule la main nonchalante qui sied au tango, vous verrez que le peuple sabotera la mobilisation. Ces gens-là sont révoltants. Plutôt que de se battre, ils capituleront devant Guillaume. »

A une de mes questions subséquentes, elle répondit avec hauteur :

« Mon mari? Mon mari? Que me contez-vous là? On n'aura tout de même pas l'audace de rappeler les hommes de trente-cinq ans! »

Et, après un silence :

« Je ne tiens pas à le perdre... Nous irions à la campagne. »

Ce tango s'acheva sans autre parole.

Le même soir, la dactylographe m'apporta quelques feuillets. Elle était rose aux pommettes, ses yeux flamboyaient. Prudent, je comptai les pages et réglai son compte. Sans contrôler, elle empocha son dû et demeura debout, trépidante. Je n'avais garde de dire mot.

« Et vous? dit-elle enfin... Est-ce que vous partiriez?

— Dame!

— Parbleu! C'est votre guerre!

— Ma guerre?

— Oui! La guerre des bourgeois, des officiers, des traîneurs de sabre!

— Ah!

— Bien sûr! Vous allez nous faire tuer tous, pour être les maîtres après.

— Tout au moins, mademoiselle, vous conserverez votre père et vos frères. Leurs opinions les obligent...

— Hein ! Comment dites-vous ça ? interrompit la mutine. Ils ont commandé leurs chaussures neuves, et papa refuse de garder les chemins de fer. Il veut aller au front... Mais ce n'est pas pour vous qu'on se battra, messieurs et dames, c'est pour la France !

Dieu me pardonne, je ne trouvai rien à répondre... Quelques instants plus tard, descendue de quelques marches, redevenue timide et correcte, elle s'arrêta contre la rampe.

« Vous irez loin, monsieur... La mer, c'est terrible !

— C'est mon métier.

— On meurt noyé.

— On nage.

— Seriez-vous content ? Voudriez-vous ?... Enfin, oubliez ce que j'ai dit... Peut-on écrire aux officiers de marine ?

— Ils peuvent même répondre.

— Alors ?...

— Oui.

Ses talons secs retentirent sur l'escalier... Et depuis, chaque mois, elle écrit deux pages au patron, à l'officier, au bourgeois.

« ... Mon père est content, annonce la lettre du dernier courrier. On l'a mis 50 kilomètres plus près des Boches. Mon jeune frère a un pied gelé ; l'autre a perdu le bras gauche et gagné la croix de guerre. Vous voyez que tout mon monde se porte bien. Ils s'ennuient dans les tranchées. Ils voudraient bien qu'on passe par-dessus les Allemands. Les officiers disent que ça viendra plus tard. On les croit, n'est-ce pas, car ils se font tuer les premiers et ils ne risquent pas la peau des hommes. Vous avez bien de la chance d'être officier, et si dans la marine ils sont comme dans l'armée, je suis bien contente pour la France qui… »

Ainsi va ma rebelle d'antan ; sincère aujourd'hui comme alors, elle est plus heureuse de ne haïr personne.

« Mon cher mari, déclare la lettre parfumée, a reçu dans l'épaule droite un éclat d'obus. Dans quinze jours il pourra repartir au front. Je suis obligée de le faire manger, car il ne se sert pas de l'autre main avec élégance : il laisse tomber les choses dans sa barbe, ce qui est malpropre. J'aimerais bien le garder, mais je n'ose même pas le lui dire. Je ne suis pas une femme héroïque, moi, et je n'ai pas peur de vous l'avouer. Cependant, quand je vois à mon hôpital ces pauvres petits soldats qui sourient si doucement contre leur souffrance, je comprends bien que je n'ai pas le droit de conserver mon mari. Si vous voyiez ces chers blessés! Ils vous remercient avec pudeur. Ils trouvent des mots simples pour exprimer les grandes choses, et ils regardent leurs infirmières avec des yeux si bons, si respectueux, que je me sens indigne de panser leurs nobles blessures... »

Ainsi va mon indolente. Je suis bien certain qu'elle a tout oublié de ses vieilles rancunes. Je ne me soucie pas de les lui rappeler.

Toutes les lettres venues de France sont aussi belles et contiennent des aveux qui ne me surprennent point. Épouses, mères et sœurs de combattants ont appris la douleur des séparations qui peuvent être définitives. Depuis mon entrée dans la marine, combien n'avais-je pas reçu de ces sortes de lettres où chaque ligne trahissait l'inquiétude! Mais elles étaient écrites par des femmes maritimes, si j'ose dire, des femmes habituées à trembler. La majorité des Françaises ne connaissaient pas ce style : elles n'ont pas eu besoin d'un long temps pour le découvrir, car la même angoisse engendre les mêmes paroles.

Ces femmes haïssent la guerre comme les nôtres maudissent la mer; elles désirent que leurs bien-aimés ne soient point aux combats terribles, comme les nôtres se réjouissaient que nous fussions loin de tel naufrage ou de telle explosion. Leur cœur est tourmenté par ce tremblement qui fait blêmir devant un télégramme et suspend le souffle au pas des facteurs. Qui, mieux que nous autres marins, peut comprendre les larmes silencieuses que versent désormais tous les beaux yeux de France?

Par un accord secret, les femmes des soldats inventent ces mots qui nous faisaient rêver jadis. Refoulant leurs sanglots, elles tentent de sourire; leurs missives annoncent les nouvelles, troussent l'anecdote et taisent le mal mystérieux. Elles portent beau, mais le timbre de leur voix les trahit. Près de l'adoré, partageant ses risques, affrontant la même mort, elles seraient indifférentes et joyeuses... Ce sont des recluses. Elles ne peuvent que tordre leurs bras et hausser leurs mains jusqu'à Dieu.

Au temps de la paix, les marins seuls étaient bénis par l'amour de ces Pénélopes, de ces Hécubes, de ces Antigones désespérées;

cet amour aujourd'hui se prodigue sur tous les héros de France. S'ils meurent au combat, le deuil de leur foyer sera le deuil de tant de foyers maritimes : une détresse muette, des visages enfouis dans les mains, des corps parcourus par d'interminables frissons... Qu'ils reviennent, et ils contempleront ce que nos regards ont vu lors de nos retours : ces visages divinisés par l'attente, ces yeux agrandis, ces lèvres closes sur des tortures inexprimées ; ils connaîtront les étreintes lentes, où les bras sont raidis comme des chaînes de tendresse, et les pulsations folles du cœur rompu par l'infini de la joie ; ils écouteront les mots que n'a jamais entendus celui qui n'est jamais parti. O survivants, vous apprendrez un jour la déchirante douceur des retours de croisières, car aujourd'hui toutes les femmes de France sont des femmes de marins.

Dès maintenant, vous appréciez le pouvoir des humbles fétiches. Une mèche de cheveux, une photographie d'amateur, un mouchoir de batiste, un crayon d'un sou mordillé par les dents d'une ménagère économe, tout devient souvenir, tout engendre la nostalgie. Pendant les longues heures de la tranchée ou du bivouac, ces petites choses vous conduisent jusqu'au sanctuaire de vos amours ; vous mesurez le prix des liens de tendresse dont vous faisiez peut-être fi parce que l'habitude en dissimulait la douceur. Dans le sillon fangeux où moisit votre corps, où gèle votre sang, ces chétives amulettes vous réchauffent.

Nous aussi, dans nos cabines mouvantes, nous tenons trésor de talismans sans valeur.

10 janvier.

Sur la tôle humide, parfois brûlante et parfois glacée, de menus gages subissent les décolorations du temps et de l'air salin. Les visages qui enchantèrent notre existence acquièrent des sourires un peu fanés, contemplent nos lassitudes et notre détestable sommeil, et tiennent avec nous des conversations muettes, où il y a plus de choses que dans tous les discours proférés jadis. L'on s'attendrit, l'on pardonne, l'on prend des résolutions. Les défauts de la personne chérie se revêtent de grâces, et le plus orgueilleux se reproche d'y avoir jadis été rebelle.

Après de tels entretiens, l'exilé des mers poursuit plus allégrement sa tâche monotone.

L'étuve des machines, la glaciale passerelle
sont peuplées de fantômes qui adoucissent par
leurs immatérielles caresses l'austérité du métier... Je voudrais bien, comme au début de
la guerre, retracer en quelques tableaux l'essentiel de cette existence où nous tuons les
journées à coups d'ennui. Cela ne m'est plus
possible. Il n'arrive rien. Les résumés où je
condense nos gestes quotidiens, et que j'ex-
trais du journal de bord, sont bien significa-
tifs. Ils représentent à peu près les mouvements d'un nuage qui penserait, ses allées et
venues, ses montées et ses chutes, sans qu'il
en devine jamais les effets ni les causes. Pourquoi, d'ailleurs, ne recopierais-je pas ici, tout
simplement, le journal de quelques journées
prises au hasard? La date importe peu ; ce que
j'y ajouterai d'explications se raccorde aussi
bien aux semaines passées qu'aux mois qui
vont venir.

Dimanche. — Fait route pour rallier un
rendez-vous dans la baie de Katakolo où se
trouvent les escadres cuirassées. — 16 h. 50 :
mouillé à Quilles dans le S 77 E du feu de
Katakolo. — 18 h. 5 : appareillé en ligne de
file derrière le *Courbet ;* le *Renan* et la *Démo-*

cratie derrière nous. Les deux autres escadres dans le sud. Croisière de nuit.

LUNDI. — 5 h. 30 : aperçu le feu de Katakolo. — 3 h. : mouillé à 1 m. 5 dans S 89 E de ce feu. — Bâtiments sur rade : *Courbet, Renan, Diderot, Danton, Condorcet, Mirabeau, Voltaire, Paris, France, Patrie, Démocratie, République, Justice, Commandant-Bory, Chasseur, Voltigeur, Lansquenet, Canada.* — 16 h. 45 : appareillé avec le *Renan.* — 18 h. 30 : fait route pour passer au sud et à l'ouest de Zante. — Navigation de nuit.

C'était un de ces beaux dimanches navals où tout charrie le deuil : les nuages qui pleurent, la mer qui se distrait à faire des vagues, l'air glacé qui tourbillonne. Dans un secteur perdu, nous naviguions avec persévérance, lorsqu'un radiogramme du commandant en chef nous manda sur la côte ouest de Morée, en baie de Katakolo. Les officiers ruisselants consultèrent les instructions et les cartes de ce port où nous n'avions jamais fréquenté. A la tombée de ce qui aurait dû s'appeler le soir, nous approchâmes le rendez-vous. On n'y voyait rien. L'eau tombait en herses denses, qui supprimaient la vue, la respiration et l'espace. Soudain parurent, comme dessinés

au crayon et passés à la gomme, les contours
douteux des navires. Tels des myopes, nous
vînmes très près d'eux, afin d'être sûrs que
ces mastodontes n'étaient point jeux de pluie.
Accroupis dans l'averse, ils semblaient déserts,
et nous passâmes prudemment entre leurs
rangées immobiles, ainsi qu'un voyageur,
pendant l'orage, rejoint le bercail par les rues
bordées de demeures closes.

15 janvier.

Notre ancre tomba, et l'on n'entendit plus
que le crépitement des gouttes sur la tôle.
A mesure que s'approfondissait la nuit, nos
voisins et nous-mêmes paraissions nous diluer
comme de l'encre sous un lavage ; mais des
signaux clignotèrent au mât du *Courbet,* navire
amiral. Rouges et blancs, ils traversaient avec
peine le tourbillon pluvial et leurs éclats
faisaient plus sinistre ce crépuscule d'hiver.
Ils ordonnaient aux escadres d'appareiller.
Pendant la nuit, favorable aux surprises,
jamais les bâtiments ne séjournent dans les
rades étrangères et ouvertes.
Tous ensemble, nous relevâmes l'ancre,

prîmes nos distances et nos intervalles. Le
noir était absolu, la bourrasque forçait, les
navires sans lumière tâtonnaient, comme une
cohorte d'aveugles cherchant leurs places pour
un ballet. Des formes immenses s'approchaient, passaient, disparaissaient; dans les
évolutions nocturnes, une erreur sur la distance ou la route, une mauvaise appréciation
de la vitesse des fantômes qui se meuvent
tous ensemble, peuvent signifier la catastrophe
irréparable. A ces moments-là, rien ne subsiste que le métier dans la cervelle des marins : famille, patrie, guerre ou tendresse
sont abolies; l'on appartient à son navire
comme un canon ou une cheminée.

Tandis qu'au sud, répartis en deux groupes,
certains cuirassés naviguent de conserve, le
Courbet, le *Waldeck*, le *Renan* et la *Démocratie*
vont en file indienne sur le parallèle qui leur
est assigné. L'un derrière l'autre, à distance
de mille mètres, tanguant et roulant, deux
heures vers l'ouest, deux heures vers l'est,
jusqu'à la fin de la nuit, ils labourent les
vagues. A tour de rôle, les officiers de quart
prennent possession du mauvais temps et des
soucis professionnels. Parfois, ils perdent de
vue l'ombre de leur matelot d'avant et crai-

gnent de ne pas donner la vitesse prescrite ; ils l'augmentent, se précipitent dans le noir ; la pluie redouble et ils augmentent encore afin de ne pas lâcher le contact ; la pluie diminue et une masse énorme se dresse, large sur l'eau, haute dans le ciel, jusqu'à toucher.

C'est le matelot d'avant que l'éclaircie découvre soudain et que l'on va bousculer si l'on ne recule en toute hâte. Des ordres partent aux machines, qui ralentissent. La masse dangereuse se fond dans la pluie ; l'officier de quart se réjouit et pense : « Tranquille pour cette fois-ci »... A ce moment, sur sa droite ou sur sa gauche, émergeant des régions de l'arrière, glisse une tache obscure qui ne ressemble pas du tout à de la pluie. L'officier regarde bien. Ses yeux embués reconnaissent enfin le « matelot » d'arrière qui l'avait aussi perdu, avait augmenté de vitesse, et s'en vient l'éventrer comme lui-même risquait d'éventrer l'autre. Il augmente de vitesse ; le matelot d'arrière diminue, recule, disparaît dans le noir, pour retomber sans doute avant quelques minutes sur le quatrième de la ligne qui se sera cru perdu et vient à son tour chercher les camarades.

Ainsi, grâce aux diableries du mauvais

temps, l'officier responsable s'épuise à résoudre des énigmes. Un problème, une angoisse, d'aventure une sueur froide, accompagnent chaque minute de son quart. Les yeux ne rencontrent que rafales, piqûres d'averse, écroulements liquides. Les heures passent. Ses orbites ne contiennent plus qu'une sphère douloureuse et brûlante. Quand il essaie de s'endormir sur sa couchette ravagée, ses paupières résistent au sommeil, et un demi-cauchemar, accompagné par les oscillations du navire, recompose des formes illusoires chevauchant dans les ténèbres.

18 janvier.

Au matin, les trois groupes de navires retournèrent en baie de Katakolo. Nous trouvâmes ce matin délicieux, parce que le soleil invisible blanchissait des franges de nuages, qu'à la pluie monotone avait succédé mainte averse drue, et que des fragments d'arc-en-ciel, éparpillés sur le réseau des ondées, en avivaient la trame grise. Et puis, la terre était proche, blonde sous les faux sourires du jour, lavée par quelques semaines d'humidité, presque pimpante. Au bord d'une petite jetée, quelques mâtures fines se balançaient comme des roseaux ; des maisons blanches du port une route sortait, serpentait parmi des roches, des oliviers, des troupeaux, pour gagner une ville posée sur une colline. Des frondaisons vertes recouvraient les architectures de cette ville, que la distance rendait majestueuse. Il faut peu d'imagination pour accorder du prestige aux pierres des pays grecs, et nos regards, posés sur ces bâtisses peut-être fort laides, y cherchaient quelque temple aux pures colonnades ou des portiques solennels. Duperie de notre mémoire ! Cette ville se nomme Pyrgos, cette province est l'Arcadie, et le ruisselet qui meurt en ce golfe fut célébré jadis sous le nom d'Alphée ; à notre insu, nous rendons à leur médiocrité présente les hommages que gagnèrent pour eux les divins menteurs de la poésie grecque.

A quoi bon raisonner d'aussi maigres plaisirs ? Cette côte, ce mouillage sont plaisants ; ne vaut-il pas mieux se réjouir de quelques heures agréables ? D'ailleurs, notre ordre de départ est venu, car il serait bien étrange que le croiseur s'éternisât en quelque lieu. Le temps se gâte. Plus d'arcs-en-ciel ni d'ondées. La pluie retombe et brouille toute lumière ;

le *Waldeck-Rousseau,* accompagné par l'*Ernest-Renan,* appareille.

En quelques minutes, les deux croiseurs abandonnent la compagnie des cuirassés. Quand les reverrons-nous? Ils poursuivent dans le sud de vagues pérégrinations, errent de rades en rades et y demeurent sans rien faire. Ils couvrent moins de milles que les croiseurs, mais leur existence est peut-être plus triste. Nous veillons, ils attendent; nous courons, ils piétinent; nous risquons, ils s'abritent. Assurément, j'avais rêvé d'une autre guerre, mais je préfère la campagne des croiseurs à celle des cuirassés.

MARDI. — 6 h. 50 : à 3 milles au N 84 O de Dukato, fait route vers le nord d'Arkudi; stoppé à 8 h. 30 dans le S 70 O de Dukato pour communiquer avec *Gambetta* et *Cassini;* fait route à travers les îles vers Platéali jusqu'à Sterigonia où nous prenons en remorque le sous-marin *Gay-Lussac.* — Remis en route à 14 h. 15 escortés par le *Mousqueton.* — 22 h. 30 : aperçu le feu d'Antipaxo au N 43 E. Navigué de nuit à petite vitesse.

MERCREDI. — 6 h. 15 : largué le *Gay-Lussac*

à 10 milles dans le S 75 O de Fano. —
9 h. : fait route vers le golfe de Tarente.
— 10 h. 10 : aperçu le *Gambetta* à 2 quarts
par tribord. — 11 h. 30 : aperçu dans le sud
le *Michelet* avec qui l'on fait exercice de télémétrie. — Rejoint le secteur ouest de la croisière. — 18 h. 30 : au S 40 E du feu de Rizzutto (Calabre). — Croisière de nuit.

De même que dans l'armée l'on transporte
les troupes par chemin de fer jusqu'au seuil
des opérations, de même les grands navires
remorquent à l'entrée de l'Adriatique les sous-
marins de France. Leur base se trouve en baie
de Platéali, derrière la palissade de l'Archipel.
Entre deux randonnées vers Pola et Cattaro,
il se groupent autour d'un vieux cuirassé, le
Marceau, qui leur sert de mère gigogne. Le
Marceau recueille les équipages fourbus, renouvelle l'approvisionnement, prête son outillage
aux réparations des engins menus. Anxieux de
repartir, les matelots des sous-marins travaillent à la lime et l'enclume, et se réjouissent
de gagner un jour, une heure, sur les délais de
leur inaction.

Nous allons chercher le *Gay-Lussac*, dont
le tour de remontée arrive. Après une nuit de
mauvaise mer, le *Waldeck-Rousseau* franchit le

goulet de Dukato. A défaut de beau temps, il trouve un peu de calme. Ithaque, Céphalonie, Sainte-Maure, les Echinades et la splendide montagne d'Epire sont encapuchonnées de vapeurs ; une écume rageuse ourle leur base ; des ruisseaux bien nourris les couvrent d'un lacis d'argent. Quelques paquets de brume voguent dans les chenaux, s'accrochent aux falaises, s'y déchiquettent comme des laines cardées.

Après un chemin sinueux, paraît la crique des sous-marins et du *Marceau*. Ils sont gris et luisants, tapis au fond de leur repaire comme une nichée d'animaux étranges ; un fil de fumée s'élève paresseusement du cuirassé ; prêt à partir, le *Gay-Lussac* jette par sa cheminée des volutes courtes et noires. Tout autour du *Waldeck-Rousseau* qui attend, des îlots et des roches forment un cadre fermé. Les uns, taillés en scies, émergent à peine, cauteleux, écueils redoutables ; d'autres évoquent un visage inachevé : quelque géant capricieux, après avoir sculpté l'ébauche d'un menton, d'un nez ou d'une mâchoire, les a plantés là pour l'éternité ; certains montrent des courbes exquises, que l'on voudrait caresser comme une échine de félin souple ou la hanche d'une statue.

Le *Gay-Lussac* se détache du groupe, sort de Platéali. Sur notre plage arrière, une équipe de gabiers dispose les apparaux de remorque ; l'étrave du sous-marin s'arrête à quelques mètres de nous, et l'on fait la manœuvre ; nous distinguons les traits de nos camarades engoncés dans des vêtements noirs. Leur face jeune, rose d'un beau rose tanné par l'embrun, montre une gravité joyeuse. Quelques paroles descendent, de brèves réponses montent.

« Êtes-vous parés ?

— Tout à fait.

— N'avez-vous besoin de rien ?

— Rien du tout, merci.

— Nous pouvons mettre en route ?

— Allez !

Le câble d'acier se déroule dans l'eau, prend sa longueur, se raidit, bat comme un serpent frangé d'écume, retombe, et le sous-marin commence à nous suivre. Avec prudence, nous augmentons de vitesse jusqu'à l'allure prescrite et commençons le voyage parmi les passes et les chenaux. Nous ne pouvons évoluer avec aisance, parce que le *Gay-Lussac*, traîné à deux cents mètres, s'éventrerait sur les pointes si nous les doublions trop court.

Le contre-torpilleur *Mousqueton* ouvre gracieusement la marche. Il se meut sans gêne, et sa jolie membrure, tout muscles et vitesse, circule en se jouant dans le quinconce des îles. C'est l'ange gardien de notre navigation présente.

Vers le soir, nous débouchons en haute mer. Le mauvais temps n'est pas établi, mais la traversée sera sans agrément, à cause des lames courtes et creuses qui descendent de Corfou et longent Sainte-Maure. Déjà, le *Mousqueton* s'ébroue dans un éparpillement d'embruns; le *Waldeck-Rousseau* tangue et roule avec paresse; au bout de sa remorque vibrante comme un caoutchouc, le *Gay-Lussac* saute dans la houle. Le crépuscule est médiocre; les nuages descendent un peu plus bas, la brise force, une nuit grise remplace un soir d'ardoise, et pour douze ou quatorze heures commence une traversée semblable à tant d'autres.

Au milieu de la nuit, je prends la veille et cherche nos deux camarades. Si je ne les savais point là, je les eusse difficilement trouvés. Une tache indistincte, devant l'étrave du croiseur, semble lui tenir compagnie : c'est le *Mousqueton*. Il se cabre et retombe, ruisselant comme un linge noir que soulèverait sans cesse une lavandière. Il n'arrête point de s'appuyer à droite et à gauche, de ne trouver aucun support, et de refléter je ne sais quelles lueurs troubles égarées dans la nuit. Grâce à ce feu d'artifice obscur, je ne perds point sa trace.

Quant au *Gay-Lussac*, il nous suit là-bas derrière parmi des collines d'eau. Les factionnaires de notre croiseur, à côté de la remorque, vérifient au toucher qu'elle demeure tendue ; aussi longtemps que le câble reste raidi, le sous-marin ne nous a pas lâchés ; rien, sinon sa mollesse soudaine, ne nous avertirait d'une rupture de la remorque. Plusieurs fois, je descends sur la plage arrière et ne saurais dire à la vue si le *Gay-Lussac* n'est point en dérive ; mais la tension du câble me rassérène.

Aux environs de l'aube, Fano monte sur l'horizon, et vers six heures nous nous disposons à larguer le sous-marin. Nos machines ralentissent. On rentre le câble. Des officiers ont interrompu leur sommeil, et Mgr Bolo, toujours curieux des spectacles maritimes, s'accoude à la rambarde pour la manœuvre d'adieu. Sur le sous-marin, les matelots, tritons luisants, lâchent la remorque ; son commandant lève le bras pour indiquer qu'il est libre; ses hélices font un remous, il met le cap au nord et le *Waldeck-Rousseau* se dirige vers l'ouest. Les montagnes d'Albanie contemplent cette séparation silencieuse. Comme il semble petit, ce sous-marin déjà balayé par la vague persévérante; comme il semble faible, au moment de se risquer dans l'Adriatique aux vastes embûches; et combien mélancolique est ce départ sans paroles, sans poignées de mains, dans la maussaderie de l'aurore pluvieuse! Du haut de notre grand navire, nous sentons un serrement de cœur semblable à celui qu'on éprouve à la vue d'un tout petit enfant qui traverse, seul, une place immense où passent des automobiles. On voudrait dire : « Ne va pas plus loin. Reviens sur le trottoir. » Et dans le même temps on approuve son audace, on l'encourage du fond du cœur, sans même penser au danger. Les matelots du sous-marin ne nous regardent plus. Leurs yeux scrutent la mer à l'extrémité de laquelle ils vont accomplir leur devoir. Un seul désir emplit leur âme : bien faire et ne pas faiblir. Ce ne sont pas des anges. La vie de chacun d'eux contient sans doute bien des peccadilles, et je ne jurerais pas que, quand ils sont lâchés

à terre, ils ne donnent point libre cours à
toutes les intempérances. Mais ces vilaines
choses n'existent plus en ce moment. Grossiers dans leurs fautes, les marins sont grands
dans leurs œuvres. Au moment où le *Gay-
Lussac* passe derrière nous, les officiers soulèvent leurs casquettes, et le prêtre, sans mot
dire, étend la main droite, bénit et absout ces
braves.

Ils remontent le sentier que parcourut le
Curie. Ils vont tenir la faction d'honneur
devant les côtes hostiles, et nul ne peut présager leur destin de gloire ou de mort. Ainsi
que leurs frères, ils chercheront devant Cattaro, dans les îles Dalmates, quelque navire
bon à couler. Mais, sans aucun doute, les
espions d'Autriche n'ont pas manqué de suivre
notre navigation, et le *Gay-Lussac* ne trouvera rien. Pendant trois ou quatre jours, jusqu'au bout de son souffle et de son électricité, il
rôdera, invisible. Par les lentilles du périscope,
son commandant verra des avions décrire de
grandes orbes pour le trouver; il distinguera
la charge des contre-torpilleurs, se cachera
au plus profond de l'eau, entendra le passage
des hélices frénétiques, mais impuissantes.

Un soir, hors d'haleine,

20 janvier.

endolori de corps et d'âme, il redescendra l'Adriatique, l'Ionienne, l'Archipel, jusqu'au havre où son repos ne sera même pas une récompense. L'armée navale tout entière, aux écoutes de ses nouvelles, respirera d'allégresse au radiogramme annonçant : « Le *Gay-Lussac* est de retour » et partagera sa déconvenue au post-scriptum : « Il n'a rien vu. » A peine aura-t-il quitté les parages d'Autriche, les navires circuleront de plus belle jusqu'à la venue du suivant. Telle est l'odyssée des sous-marins de Platéali... Bonne chance, *Gay-Lussac !*

22 janvier.

Le *Waldeck-Rousseau* abandonne les eaux albanaises et gagne son secteur de croisière. La mer Ionienne est partagée en rectangles de vaste étendue, qui représentent chacun le fief d'un croiseur. Il y circule quelques jours, gagne le secteur voisin, et ainsi de suite jusqu'à ce qu'il arrive près des terres; il charbonne alors en toute hâte, court vers le rectangle extrême, et recommence indéfiniment. Notre poste du jour est loin dans l'occident, près du détroit de Messine, au bas de la botte italienne, et nous ne l'atteindrons point avant le crépuscule. Nous faisons route en dehors des zones de croisière.

Tel un jeu d'ombres, montent sur l'horizon deux mâts et quatre cheminées. C'est le *Gambetta* qui rôde. Il nous aperçoit, se rapproche rapidement, s'assure que nous sommes des amis, redescend, disparaît. Pendant quelques heures, on ne voit plus que de la houle et des nuées, de l'ardoise mouvante. Et puis le *Michelet* grandit à son tour, vient nous reconnaître. On profite de ce voisinage pour faire un exercice de télémétrie. Au cours de cet exercice, les deux croiseurs exécutent cent mouvements qui les rapprochent, les éloignent, entre cinq et quinze mille mètres ; les canonniers aux pièces, les télémétristes aux appareils de mesure, notent à des moments précis les distances observées... Les navires qui se rencontrent d'aventure ne manquent point de procéder à cet entraînement primordial... Un signal monte, qui marque la fin de l'exercice.

Le *Michelet* retourne à sa veille et nous poussons vers l'ouest. Au soir, une grande muraille barre notre horizon. Plus tard, un feu s'allume, pâle et rasant l'onde. Ce phare s'appelle Rizzutto et brille à la base des Calabres. S'il plaisait à la nature d'être moins renfrognée, nous verrions dans une atmosphère translucide la cime de l'Etna. Sa forme agréable nous ferait oublier les hauteurs sourcilleuses de l'Albanie, devant lesquelles, ce matin, nous nous séparions du *Gay-Lussac*. Mais le marin doit se contenter d'un soir morose et d'une mer hargneuse; son seul ami nocturne sera le feu de Rizzutto, que nous perdrons et retrouverons selon nos allées vers le large ou vers la côte. Nous avons un deuxième compagnon, le vent, qui souffle à perdre haleine, de peur sans doute que nous ne le croyions endormi.

Vers le début de la nuit, comme le croiseur se rapproche de la Calabre, une sorte de halo lumineux s'étale sur terre. On y reconnaît l'auréole d'une ville. Là-bas, des humains se reposent, se divertissent, échangent les propos agréables qui précèdent le sommeil. Ici, drapés de cuir et de caoutchouc, des navigateurs s'épaulent contre la rafale et se méfient des ténèbres propres aux surprises... Ce contraste hante l'esprit des veilleurs : se réjouissent-ils de leur faction sous l'averse, envient-ils les Italiens abrités dans des logis pacifiques? Les deux alternatives se succèdent et, pour mieux maudire les Calabrais qui ne pensent guère à eux, les marins cherchent sur la carte le nom de cette ville importune.

On l'appelle Crotone. Aux temps où Rome était débile et Athènes puissante, elle menait contre sa rivale Sybaris des luttes ardentes et répétées. Amollis par trop de bonheur, les Sybarites ne surent point se défendre contre leurs adversaires musclés, et Crotone, ayant effacé du monde sa voluptueuse ennemie, survécut à travers les siècles, pour montrer en cette nuit-ci la lueur de ses flambeaux à quelques marins français qui passent.

N'avons-nous point le droit, nous officiers compagnons de l'ombre, gardiens d'un équipage de braves, n'avons-nous point le droit de lancer notre rêve à travers la tourmente jusqu'aux régions de l'antiquité?... Les Sybarites insouciants laissèrent un nom dont on se sert pour railler. La carte ignore presque les lieux où ils disparurent sans gloire, et la pioche du chercheur n'en exhume que des débris calcinés... Ceux de Crotone léguèrent l'avenir à de fiers descendants, parce que la douceur de vivre ne leur fit point dédaigner la guerre... Forte leçon, que l'on se répète dans les morsures de la bise et les cahots de la houle !... Parallèle qui s'impose en ces heures où la France se ramasse contre des sauvages... Mais je ne redoute rien. Les hommes du *Gay-Lussac*, partis ce matin vers Cattaro, les hommes du *Curie,* arrêtés par le filet glorieux de Pola, les hommes de l'armée navale, qui depuis le mois d'août se sont mis en ménage avec la détresse morale, les hommes qui grelottent dans les tranchées de l'Artois et des Vosges, les hommes tombés sur les plaines de Flandre et de Champagne, ces hommes ne feront point devant la postérité figure de Sybarites.

25 février.

JEUDI. — A 1 h. 30, latitude 38° 38' N longitude 15° 13' E. — 7 h. 30 : aperçu le *Renan.* Croisière de jour et de nuit.

VENDREDI. — 2 h. 30 : par 38° 40' N et 15° 34' E, échangé signaux de nuit avec un croiseur. — 7 h. 20 : communiqué avec *Renan*. Croisière de jour et de nuit.

Samedi. — 12 h. 30 : aperçu *Quinet* faisait route au sud. — Point à 18 h. 30 : 38° 53' N et 15° 46' E. — Croisière de jour et de nuit.

Dimanche. — 1 h. 25 : aperçu croiseur non identifié faisant route à l'est. — Position à 11 h. 30 : 38° 40' N et 17° 13' E. — Fait route à l'est. — 17 h. 15 : aperçu...

Semblables à des barons féodaux parcourant, lance au poing, leurs seigneuries vides et ruinées par la guerre, les croiseurs croisent sur une étendue inanimée. Pendant la lente succession des jours, ils se réjouissent d'apercevoir, par aventure, les cheminées de leurs camarades de ronde. Parvenu aux limites de son rectangle, le navire fraternel semble jeter vers nous un clin d'œil et un bonjour. Soudain notre univers s'anime. Un faisceau de pensées se dirigent vers le voisin, et les siennes convergent jusqu'à nous. Qu'il se nomme *Renan*, *Quinet*, *Gambetta* ou tout autre, on le suit, on accompagne ses mouvements; les matelots abandonnent leur travail ou leur rêve pour cette réalité fluctuante.

— Il se rapproche !

— Moi, je vois sa passerelle.

— Tiens, la cheminée avant fume noir ! Ils chargent les foyers !

— Ah ! il vient sur la gauche. Ses mâts vont passer l'un par l'autre.

— Nous en sommes bien à vingt-deux mille mètres ?

— Il descend... Vois-tu ses mâts encore ?

— Oui !... Non !... Oui !... Non !... Plus rien.

Le croiseur s'évapore et notre monde redevient·vide. Cela dure un jour ou une semaine. Parfois, entre deux éclaircies, paraît dans le lointain quelque tache plus sombre : nuage ou montagne, falaise ou jeu d'éclairage : nul ne saurait le dire. Mais les mécaniciens, les soutiers, hôtes obscurs des profondeurs, et venus sur le pont entre deux quarts dans les ténèbres, s'enquièrent avec curiosité :

« Qu'est-ce qu'on voit là-bas ? »

Doctes, les canonniers ou gabiers, favoris du grand air, répètent les bribes de dialogues d'officiers, surprises et vite retenues. Ils annoncent l'oracle : « C'est l'Epire. » « C'est l'Apulie. » « C'est le Péloponnèse. » « C'est l'Albanie. » « C'est l'Etna. » « C'est rien du

tout. On est à cent milles de terre. » Les hommes
frustes emmagasinent ces noms compliqués ;
dans la prochaine lettre au père ou à la payse,
chacun les écrira péniblement, et les mots
étranges iront porter aux chaumières françaises
l'écho de notre odyssée géographique. Je voudrais bien savoir les réflexions que suscitent
ces vocables sonores, pleins de noblesse, mais
vides de sens pour les ignorants. Que voient-
ils, nos braves matelots, dans cette fresque de
côtes dont nous n'approchons jamais? Elles
ressemblent aux formes fictives créées par le
sommeil ; hésitantes, surgies et disparues dans
les limbes de l'horizon, elles passent comme
des Edens où nous n'aborderons pas. Le croiseur va et vient sur son rectangle d'eau, et
tandis que les officiers s'évertuent à deviner le
sens de ce rien du tout sans forme qui émerge
au fond de la pluie, les matelots poursuivent
des songes, l'averse se penche ou se redresse
aux caprices de la rafale.

Oui! nous payons la rançon de notre veille
à outrance : plus rien ne circule qui porte pavillon ennemi ; plus rien de suspect n'approche.
Maîtres de l'onde, nous en avons fait un désert pour qui ne travaille point à nos côtés.
Si j'osais, je dirais que nous avons trop bien

rempli notre tâche, car tout ce que la patrie gagne à notre vigilance, nous le retrouvons en satiété. Le temps est échu des visites, des arraisonnements : ces minces distractions mêmes ont fui notre labeur quotidien. S'il existe des contrebandiers, ils se collent aux rivages neutres ainsi que des cloportes et vont porter en Autriche, en Turquie, au prix de maint retard et de risques grandissants, les matières précieuses et chaque jour plus rares. Leurs périples sont longs et laborieux, mais nous ne pouvons pas les harceler aussi longtemps qu'ils adoptent les eaux territoriales étrangères. Chatouilleuses sur leurs droits souverains, la Grèce et l'Italie ne nous permettent pas d'acte de guerre aux approches de leurs rives, et nous sommes condamnés au large, qu'a dévasté notre surveillance tenace. Sans doute, au-dessous des flots cheminent les sous-marins d'Autriche. L'heure sonnera peut-être pour l'un de nous. Malheur au bâtiment que la lassitude aura fait glisser vers l'inattention !

A tout le moins, sur les grandes routes de Gibraltar, vers Suez ou Salonique, les transports anglais et français voguent sans encombre. Naguère, leur théorie se dirigeait

à l'ouest, pour porter à Marseille ou aux rades
atlantiques les hommes et les produits de
l'Orient. Mais depuis quelques semaines, depuis l'entrée en lice des Turcs, un deuxième
courant s'établit, plus dense de jour en jour.
Des bases d'opérations se forment en mer
Égée, dans les îles grecques; des forces navales s'y établissent; quelques croiseurs déta-
chés tiennent les côtes de Syrie et d'Asie Mineure; et des troupes, nombreuses, pressées,
s'accumulent là-bas.

2 février.

Tous ces mouvements se poursuivent dans
le silence, préparateur des œuvres de guerre.
L'univers ne s'en doute pas encore. Ses
oreilles n'ont pas entendu les noms ignorés
aujourd'hui, qui retentiront avant peu, mais
les marins suivent ce travail, et leur âme frémit de joie au présage des prouesses orientales.

Parfois, d'un nuage chargé d'éclairs, se
détache lentement un lambeau massif, dont
on distingue à peine la glissade vers quelque
région pure du ciel; ce lambeau se nourrit, se
gonfle, s'étend, et soudain l'orage nouveau

s'écroule bien loin de celui qui l'avait engendré. Ainsi, née de la guerre européenne, fermente dans le secret une guerre nouvelle; avant que le tonnerre n'en tombe sur les terres de l'Islam, on la prépare dans le mystère des océans qui ne parlent point. Mais nous savons l'effort quotidien, la prudente approche des alliés, les cohortes de braves qui caressent leur fusil pendant la longue traversée méditerranéenne. Nous n'avons point d'orgueil de cette science. Nous en concevons davantage de protéger la marche des fantassins vers la gloire. Et nous souhaitons la joie suprême de partager leurs risques, la main dans la main pour ainsi dire, eux sur la terre ferme et nous sur l'élément mobile.

Pour l'heure, la septième semaine de notre pèlerinage présent se clôt dans la grêle et le verglas. Depuis notre passage à Malte, avant la Noël, nous avons essuyé toutes les mauvaises humeurs du temps, qui se fâche de plus en plus. La nuit, circulant sur les ponts de fer revêtus de givre, on tombe et l'on se blesse, comme sur un miroir dur, invisible et mouvant. Semaille lancée par quelque main terrible,

5 février.

les grêlons rebondissent sur le croiseur,
qui résonne à la façon d'un tambour ; et la
mer, fouettée par les projectiles célestes, fait
le bruit d'un liquide bouillant. L'orgue des
vents irrite nos veilles. Lugubres et rauques,
ils enjambent les lieues en haletant ; leur rage
plaque sur la carène, sur nos corps, de gla-
ciales poignées d'embrun ; quand ils rencontrent les cordages et les structures métalliques, ils sifflent et chantent comme de
mauvais génies pleins d'allégresse. Nous connaissons la mélopée de chacune des cordes, de
chacune des drisses, de chacun des câbles qui
vibrent au-dessus de nos têtes. Courts ou
longs, épais ou minces, de chanvre ou d'acier
tordu, ils tiennent leur partie dans l'orchestre
infatigable. Certains reçoivent de la bise un
son clair et joyeux, fifre, cornemuse ou flûte.
D'autres, mélancoliques, violoncelles et haut-
bois, font souvenir des cloches natales, des
voix lointaines et chéries, de toute la douceur
de France égarée dans les nuits d'exil. Mais
des notes creuses et mortuaires, jaillies des

gros cordages mouillés, font entendre au-
dessus de tout un glas perpétuel. Que l'on se
bouche les oreilles, leur sinistre basse-taille
traverse le doigt et le crâne. Elles sont toujours là. Elles triomphent. Au froid du corps,
elles ajoutent le froid de l'âme.

MERCREDI. — ... Croisière. — 12 h. 35 :
doublé Dukato. — 12 h. 50 : communiqué
avec la *Numidia*, ravitailleur. — 16 h. 17 :
ligne de file avec *Renan* et *Hugo*. — 22 h. 30 :
par 39° N et 17°00 E. — Remonté vers l'Adriatique.

JEUDI. — 0 h. 20 : aperçu feu de Leuca.
— 1 h. 55 : aperçu le feu de Missipezza dans
le S 80 W. — 12 h. 20 : aperçu le Mont...
Au N 45 E à 100 milles. — 13 h. 25 : aperçu
une mine par bâbord... — 13 h. 50 : mine
coulée d'un coup de canon...

VENDREDI. — 3 h. 45 matin. — Aperçu
des lueurs violentes à 450 par tribord... —
9 h. 10 : *Hugo* et *Renan* signalent des mines.
— A 11 h. 15, aperçu Bari... Descendu
l'Adriatique.

6 février.

Le Monténégro se meurt de faim. Du haut de ses montagnes incultes, son peuple aperçoit l'Adriatique, devine dans le lointain les territoires prospères, l'Afrique, l'Italie et leurs moissons. Vers ces récoltes nourricières, il tend des regards et des mains avides; mais la famine, après la guerre, dévaste ses foyers.

Malgré ses angoisses, la France ne soupçonne point jusqu'à quelles horreurs la tragédie présente peut enfoncer les peuples qui sont retranchés de l'univers. A Paris, en province, on mange et l'on subsiste. Quel que soit leur prix, la viande et le pain s'achètent à l'étal et au four. Le Monténégro n'a rien. Murés dans un cachot, ses femmes et ses soldats jettent aux quatre vents des appels qui ne nourrissent pas.

Au nord, l'Autriche mène contre lui cette campagne de dévastation qu'elle inaugura contre les Serbes. Au sud, l'Albanie, courtisane du pillage, n'attend qu'un mot d'ordre et des subsides pour jeter ses bandes vers Cettigné. A l'est, la Serbie traquée ne demeure vivante que par des ténacités qui émerveilleront l'avenir. Et enfin, vers l'ouest, la mer close aux nations sans marine laisse déserts les ports du Monténégro et vides ses greniers.

Malgré cela, il n'hésita point. Aux premières insultes brandies contre ses cousins slaves, chaque homme prit des cartouches, ceignit ses jambes des bandelettes de combat et s'en fut aux frontières mener la lutte pour l'honneur. Si je ne m'interdisais de consigner ici les événements qui ne sont point navals, j'exposerais ce drame d'escarmouches, de razzias, d'assassinats nocturnes, où une poignée de montagnards, dépourvus d'arsenaux, de fonderies, de ravitaillement, de routes et de canons, renouvelle chaque semaine, contre les immenses armées de l'Autriche, l'exploit de Léonidas contre Xerxès.

Mais cette constance, inattaquable par les hommes, en vient à défaillir quand le corps souffre. Pour conserver à leurs muscles leur énergie, à leur œil sa précision, à leur âme sa force, il faut que les Monténégrins mangent. Ils appellent au secours. Depuis que la neige et la boue ont pris possession de leur royaume, le prince Nicolas et ses ministres lancent des radiogrammes de supplication. Étouffant leur orgueil d'invincibles et la honte de se courber devant la faim, ils disent quotidiennement la légende de leurs détresses. Tantôt, dans un district bombardé par de l'artillerie lourde, les entrepôts sont incendiés, les maigres provisions d'une année détruites. Un autre jour, des populations croates et bosniaques, pourchassées par les bourreaux autrichiens, se réfugient sur le Monténégro ruiné : elles n'apportent en cadeau que leur haine et leur faim.

Le petit peuple agreste ouvre cependant les bras, et, pour les sans-patrie, prélève sur sa pitance une pincée de grains. Nos antennes recueillent à tout instant un nouveau conte de misère : les enfants meurent, les soldats n'ont plus de chaussures, les cartouchières sont vides, et les mulets tombent sur les chemins où depuis des lieues ils ne mâchent que de la neige.

Qui nourrira cette infortune, sinon la France généreuse? Depuis des mois, l'armée navale ravitaille le Monténégro. En mer Ionienne, des cargos viennent prendre les ordres du commandant en chef et cheminent jusqu'aux ports d'Antivari ou de Médua. Ils apportent du blé, du maïs, des harnachements, des munitions, et les vident en hâte sur les wharfs précaires de ces rades dangereuses.

Ce sont des entreprises de contrebandiers et de forbans. Les Autrichiens connaissent nos moindres gestes, épient l'arrivée du cargo, et leurs sous-marins, leurs avions, leurs destroyers rendraient impossible un ravitaillement de jour. Il faut que tout se passe la nuit, entre le coucher et le lever d'un même soleil.

Loin des côtes, un groupe remonte l'Adriatique. Il se compose du bâtiment précieux, de quelques destroyers, de grands croiseurs. On veille attentivement, car l'ennemi guette. A la tombée d'un soir, la compagnie arrive à hauteur du port; le cargo et les destroyers s'y dirigent; des croiseurs poussent plus au nord, jusqu'aux approches de Cattaro, afin de parer les premiers coups... A petite distance de la rade où l'on décharge, une ligne de destroyers croise pendant toute la nuit, prête à repousser les attaques immédiates. Dans le port lui-même, mouillent un ou deux autres destroyers, sentinelles immobiles de l'opération. Le cargo approche du wharf.

On n'y voit rien. La pluie, le vent, la grêle tombent en avalanche des hauteurs glacées. Il ne faut pas montrer de lumière. Des soldats monténégrins essaient d'offrir leur concours : mais ils ne connaissent pas grand'chose aux manœuvres délicates, et, dans les ténèbres, ils gênent. Tant bien que mal, le commandant du cargo accoste la jetée de bois : il la cogne, déchire sa carène, brise des amarres, jure et tempête. Les matelots des contre-torpilleurs viennent prêter main-forte ; dans de petites embarcations, ils trouvent le chemin du wharf ; leurs doigts, leurs pieds agiles s'accrochent aux montants ; ils reçoivent les câbles, les assurent à tâtons, le cargo se colle au débarcadère, et aussitôt se précipite le jet des sacs, des caisses et des ballots. Les soldats monténégrins approchent, saisissent dans l'ombre les choses noires, les traînent sur la rive, courent, se culbutent et tombent. Il faut aller vite et se taire. Là-haut, les camps et les cabanes attendent.

Mais un bruit aérien fait dresser les oreilles. Il arrive du nord, ronflement qui domine la rafale. Il grandit, se plante dans les ténèbres comme un clou sonore. Un autre, plus terne, venu de plus loin, l'accompagne et se rapproche. D'autres succèdent, guêpes obscures. Ce sont les avions de Cattaro. Leur vol s'enroule au-dessus de la rade, se rétrécit et des-

cend ; il fait un cercle autour du wharf, se rétrécit et descend encore. A l'aplomb du cargo,
les bruits sourds de colis et de pas précipités
indiquent la cible, et une averse de bombes
s'abat.

Impossible de répondre. La côte monténé-
grine n'est pas organisée contre les avions.
Les projecteurs qu'on allumerait à bord attire-
raient les coups avec une précision plus grande ;
les équipages restreints, occupés au chargement, ne peuvent tirer fusil ni canon. Sur le
wharf, dans l'eau, sur le pont du navire, les
bombes éclatent, incendient le bois et les
caisses, mêlent à la bourrasque une fumée suffocante. Terrifiés par cet adversaire insolite,
les soldats monténégrins se débandent ; nos
matelots poursuivent en fredonnant leur périlleuse besogne.

Parfois, un projectile tombe dans la cale que
l'on vide. Qu'il éclate, et quelques hommes
sont fauchés ; qu'il se pose, inoffensif, sur les
couches de sacs, des mains le cherchent à
l'aveuglette, le saisissent, le jettent à la mer,
et le travail continue. Épuisés par les veilles
antérieures, les équipages s'évertuent cette
nuit-là sans perdre une seconde et trouvent le
moyen d'arrimer proprement les colis qui ne

leur serviront pas. Quels que soient les destroyers ou le cargo, le même entrain visite,
toutes les trois ou quatre nuits, les wharfs
d'Antivari ou de Médua.

Pendant ce temps, à l'ouverture des baies,
les contre-torpilleurs tiennent un barrage. Le
cœur des hommes se serre quand ils entendent la chute, quand ils voient l'éclat des
bombes sur leurs amis qui besognent. Mais
leur propre tour ne tarde guère. Avant de
rejoindre Cattaro, les avions se feraient scrupule de ne pas lancer leur carte de visite sur
l'escadrille factionnaire. De peur de trahir sa
position, elle non plus ne répond pas. A leur
poste de mer, essuyant l'embrun sur leur
visage,

8 février.

les matelots écoutent la descente des bombes
vissées dans la bise et conservent une âme
également ferme quand elles touchent ou
manquent le but.

Plus au large, plus au nord, les croiseurs
battent l'estrade entre Cattaro et les ports me-
nacés... Vers la fin d'un de leurs parcours
ioniens, le commandant en chef les désigne à

tour de rôle, et ils ne comptent déjà plus ces expéditions où il y a des coups à recevoir, aucun à donner.

Car, dans ces voyages pour secourir le Monténégro, le danger rôde de bout en bout. Pendant leur remontée de l'Adriatique, les croiseurs rencontrent chaque fois des mines lâchées par les Autrichiens et qui se traînent en dérive, mauvaises bêtes trop paresseuses pour courir après leur proie. A notre dernière course, le *Waldeck* et son camarade en ont vu plusieurs, dont la tache brune se distinguait à peine sur le tapis glauque des ondes. Nous nous en sommes approchés, à distance respectueuse, de peur qu'elles ne soient reliées en chapelet et que d'autre mines, invisibles, ne nous accrochent au passage. Nous les avons démolies à coups de canon, sans arrêter notre marche ; elles ont éclaté, coulé, lâchant une inoffensive gerbe de fumée jaune... Mais qu'adviendra-t-il au bâtiment qui heurtera l'une d'elles au milieu de l'ombre où l'on ne voit rien ?

Et puis, comme les croiseurs font chaque fois, nous avons surveillé toute la nuit les abords de Cattaro, prêts à recevoir les sous-marins, les destroyers qui ne manqueront pas, tôt ou tard, d'attaquer les ravitailleurs d'Antivari ou de Médua... Dans l'atmosphère brouillée par la pluie, les projecteurs du port autrichien miroitent, balaient la mer, cherchant pour leurs batteries l'objectif qu'ils soupçonnent à portée. Ces gros yeux troubles et blancs, sans répit errent à droite et à gauche et s'arrêtent parfois sur nous. Mais les croiseurs sont si loin, encapuchonnés de pluie, que les adversaires les confondent avec les réseaux liquides qui tombent. Derrière leurs pièces, nos canonniers, éclairés comme des spectres, se tiennent prêts à répondre au feu des batteries, si elles commencent. Mais rien ne se passe qu'une attente silencieuse; les projecteurs abandonnent notre forme irréelle et tâtent l'espace indéfiniment.

D'heure en heure nos radiogrammes anxieux demandent des nouvelles du déchargement. Et le destroyer mouillé près du cargo répond en phrases courtes :

« Pluie et grêle. Nous en sommes à la moitié. »

Ou bien :

« Très mauvais temps. Nous ne pensons pas finir avant six heures du matin. »

A mesure que la nuit s'écoule, par l'effet

de la tension de l'esprit et du temps fâcheux, l'inquiétude augmente sur les croiseurs... Ils voudraient être plus près, partager le danger des autres. Ils ont peur que l'aube n'arrive point avant quelque catastrophe.

L'autre nuit, des lueurs sinistres nous parvenaient de là-bas : feux follets courts, étincelants, qui réussissaient à traverser des lieues d'atmosphère pluvieuse. Les officiers de veille, sur le *Waldeck,* assistaient impuissants à ces manifestations du drame. Et la dépêche sans fil arriva bientôt, fébrilement traduite par l'enseigne de vaisseau de service :

« Les avions nous bombardent. Les bombes éclatent sur le pont. Une est tombée dans la cale. Tous les Monténégrins se sont enfuis et abrités sur la côte. Nous craignons de ne pas finir à l'aube. Les Autrichiens continuent le bombardement. »

Aussitôt le *Waldeck* répondit :

« S'il y a trop de danger ou si vous n'êtes plus assez nombreux, cessez le débarquement, sortez de la rade, nous allons à votre secours. »

Sans attendre la réponse, se dirigeant vers le port bombardé, le croiseur allait à toute vitesse, craignant d'arriver trop tard. Mais en moins de dix minutes son essor fut arrêté net par le radiogramme de réplique, où perce l'étonnement de notre proposition :

« Nous continuons seuls. Nous ne partirons qu'au jour. Il ne restera presque plus rien à débarquer. »

Ils firent comme ils avaient dit ! Ils firent mieux, même. Comment trouvèrent-ils moyen de décupler leurs forces, de suppléer au départ des Monténégrins ? Ils ne pensèrent même pas qu'ils accomplissaient une grande chose, mais à l'aube les cales étaient vides, et sur le wharf s'amoncelaient, jusqu'au dernier, les colis dont ils avaient la charge. Ah ! les braves matelots !

9 février.

De longues heures s'écoulent. Les nuits de janvier semblent éternelles quand il faut les vivre avec les yeux ouverts. Mais enfin quelque chose d'albumineux pâlit l'orient, les lumières de Cattaro se fondent dans la grisaille, et un froid plus vif ranime un peu les veilleurs. C'est l'aube.

Vide ou non, le cargo largue ses amarres,

et clopin-clopant, comme il entra la veille, sort au matin. Sur le wharf s'amoncelle la subsistance du Monténégro; dans quelques jours, on lui en portera d'autres. Les matelots-portefaix regagnent les contre-torpilleurs et changent leur fatigue nocturne contre celle des machines et de la navigation. Le cortège se reforme dans la brume et descend à bonne portée des côtes d'Albanie. Délesté, le cargo danse comme un bouchon au milieu de ses convoyeurs. A grande distance, les croiseurs continuent leur garde hautaine jusqu'à ce que tout ce petit monde soit hors d'atteinte. Alors, ils poussent les feux, allongent les jambes et se dégourdissent d'un peu de galop jusqu'à leurs secteurs ioniens.

Ou bien, entre aurore et crépuscule, ils charbonnent dans quelque baie secrète. Et si le hasard les favorise, ils reçoivent des lettres, des liasses de journaux égarées à leur poursuite sur la mer immense. Parties de France depuis des semaines, vieilles déjà, dépassées par les événements, les nouvelles sont lues et commentées avec passion.

Les marins ne sont pas détournés du grand drame par des soucis médiocres ou banals. Parmi les habitants de la planète, ils auront

vibré le plus vigoureusement à toutes les joies
et à toutes les peines de la France. Leur vue
claire, dégagée de passion, juge avec sérénité
les coups des deux partis. Mieux que personne, et grâce à la patience de leurs pèlerinages, ils discernent dans l'avenir les raisons
du triomphe, la dureté de ses étapes.

Penchés sur leur besogne discrète, ils
n'attendent pas l'éblouissement des victoires.
Ils savent que leur collaboration décisive
s'effacera devant les prouesses futures des
soldats. Les éclats du canon, les charges,
l'apothéose finale dont la terre sera le théâtre,
relégueront dans l'oubli leur œuvre silencieuse. Mais il aura fallu se mettre à deux
pour terrasser l'Allemagne, et l'armée glorieuse pourra tendre à la marine une main
reconnaissante.

Déjà, les flottes referment sur nos ennemis
les portes de l'univers et les gardent grandes
ouvertes aux trésors qui alimentent notre victoire. Ce n'est rien encore. D'heure en heure,
nous poussons un nouveau verrou. Quand
l'Allemagne et ses alliés, écumant de rage
dans la prison dont nos navires sont les barreaux, subiront les tortures de la famine,
quand les cent dix millions de Germains, hur-

lant à la mort, demanderont pitié, mendieront un morceau de pain, quand cette ménagerie s'entre-déchirera pour manger, quand la révolte, l'insurrection et la frénésie des guerres civiles secoueront dans ses bases cette manufacture du meurtre, la Russie, l'Angleterre et la France lâcheront leurs dogues et leurs dompteurs. Du haut de leur passerelle, les marins écouteront le pas de charge des soldats et l'aboiement des 75. Leur cœur sursautera d'allégresse et, regardant la mer, compagne des mauvais jours et des aurores lumineuses, ils lui diront : « C'est nous deux qui avons permis cela. »

Pourquoi mon rêve s'égare-t-il sur ces jours bénis, notre récompense? Est-ce un contraste avec la mélancolie de l'hiver? Ou bien, par un sentier naturel, n'y suis-je pas conduit par des lettres de camarades, fusiliers marins illustrés en Belgique? Depuis que l'hôpital et la convalescence ont atténué leurs blessures, ils se reprennent à écrire. Presque tous mes amis sont morts là-bas. Ceux qui demeurent tracent avec simplicité la course jusqu'à Anvers, le retour dans la tourmente, la résistance si farouche que nos ennemis n'avoueront jamais que cette poignée de braves bloqua leur élan.

La grande histoire posera ses couronnes sur ces officiers, ces matelots-soldats que nous connûmes sur le pont des navires de guerre. Où ils ont été, nous aurions voulu nous battre tous. L'armée navale entière jalouse la brigade navale. Exilée de la mer, celle-ci connut les cyclones de la lutte. Rompue à l'ouragan maritime, elle ne baissa point la tête devant les mystérieux ouragans de l'Yser et des Flandres. Elle paya ce courage d'une hécatombe qui terrifie : la barrière où s'arrête l'invasion germanique est plantée sur des cols bleus ou des pompons rouges.

Nous ne reverrons plus ces faces naïves qui riaient à la tempête. Quoique leur mort n'ait pas été celle qu'ils avaient choisie, ils ont dû se coucher au bord d'un canal ou d'un marécage, la main crispée sur leur fusil et un dernier sourire hésitant sous leurs paupières. Quand les vertiges de l'agonie ont fait tournoyer leur cerveau et balancé leurs membres rompus, ils se sont crus ressaisis par le grand roulis des océans et des lambeaux d'immensité se sont glissés dans leurs visions suprêmes. Sous les ciels gris des plaines belges, leurs prunelles vitreuses ont évoqué les ciels de typhons ; la vase où ils s'enfonçaient a repris un instant l'odeur des embruns natals ; visitées par le délire, leurs oreilles ont reconnu dans le fracas des obus les coups de bélier de la houle sur les carènes ; dans le sifflement des balles, la mélopée du vent qui fait vibrer les cordages sous les archets de l'infini. Tout cela recouvrait les tintements de cloche du village, les murmures de la fiancéé ou de la grand'-mère, harmonies habituelles de la dernière glissade. Car il est deux choses au monde que l'homme n'oublie jamais : les prestiges de la mer et la tendresse des femmes. Mais quand le pied du marin approche le parvis de l'éter-nité, les fantômes de celles-ci s'évanouissent devant le dernier appel de celle-là.

Je lis toutes ces choses dans le récit des survivants. Ils se souviennent de l'éclair qui précéda le vide dont ils sont revenus. Inaccou-tumés aux marches, ils n'avaient point pensé à la mer pendant les étapes atroces où leurs pieds et leurs genoux s'alourdissaient à chaque pas d'un poids qui les clouait au sol : ils avan-çaient quand même. Ils ne pensaient point à la mer, quand leurs lignes débordées recu-laient devant l'inondation germanique. Ils n'y pensaient pas, non plus, sous les giboulées de projectiles. Mais tous, à la minute où ils oscillaient entre la vie et ce qui n'a pas de nom, reçurent le baiser final de la mer. Son chuchotement les a bercés, et ils ont regretté de ne pas s'engloutir dans sa fluide nécropole. Pensant à leurs camarades, ils leur ont légué le souhait de périr dans ses bras enveloppeurs, pendant l'action.

De leur hôpital, de leurs foyers, les survivants nous félicitent. Vers l'Orient, vers les Dardanelles, l'attention du monde commence à se diriger, et les navires vont enfin connaître les grands tumultes. Nos matelots ont recueilli l'héritage des fusiliers marins. Ils envièrent, on les envie : ainsi va le monde. Si le destin accepte qu'ils écrivent l'histoire avec leur sang, et non plus avec leur patience, leur désir réclame le legs des frères tombés là-bas.

Fin février.

Au cours d'un ravitaillement du Monténégro, la *Dague* vient de succomber. Sur la rade ouverte, au milieu de la nuit, elle attendait que les sacs et les caisses eussent fini de passer du cargo sur le wharf. Son équipage donnait la main à l'œuvre périlleuse. On n'entendait que le bruit sourd des ballots tombant sur les planches... Un sous-marin venu d'Autriche guettait la *Dague*.

Soudain, le contre-torpilleur tressauta, soulevé par une main de géant. Il se cassa en deux tronçons, comme une branche morte. Les matelots enfermés dans ses flancs ne surent point qu'ils mouraient. Trente secondes plus tard, au point où flottaient un navire vivant et des hommes pleins de force, il n'y avait plus que de l'eau sombre.

1er mars.

Malte enfin! Des paysages qui ne bougent point, des routes de pierre dure, une présence désirée... Quelques promenades en charrette anglaise, derrière un poney fringant... Un voile de mousseline mauve, la douce langue italienne entrecoupée de silences, et les visites reconnaissantes au bassin des cygnes.

Malte, île solitaire et joyau de la Méditerranée, repos béni des navigateurs, port tranquille et bastions cyclopéens, atmosphère fiévreuse, nostalgie d'azur. Tous les chemins s'y croisent. L'Hindou, le Canadien, le Français passent là quelques heures, entre les anti-

podes et les terrains de bataille, et plus tard,
aux veillées, chacun se souviendra du repos
bienheureux.

Malte, tremplin des guerriers d'Égypte,
des Dardanelles, de Mésopotamie et des Flandres; escale des marins de Méditerranée, de
la mer du Nord et du golfe Persique. Visages, uniformes et idiomes se heurtent dans
la Strada Reale, s'attardent dans les églises
aux dalles mystiques, et vont sur la campagne de pierre faire des rêves qu'on n'ou-
bliera jamais.

Malte! premier pèlerinage de la croisade
nouvelle. Les cuirassés et les croiseurs, les
chalutiers et les dragueurs y prennent leurs
dernières forces avant de courir vers l'Orient,
vers Constantinople. Ils vont là-bas mener les
luttes épiques, et reprendre aux Osmanlis la
ville du Bosphore, qui depuis cinq cents années attend sa délivrance. Régiments, batteries
et escadrons les accompagnent, pressés sur les
transports et anxieux de vaincre. Puissent les
hommes qui préparent ce grand œuvre, cette
œuvre terrible, en mesurer les obstacles et
prévoir leur destruction!

Malte, paradis du vagabond fatigué de se
mouvoir, parfums légers, lumières exquises,

mer adorable, créatrice de tendresse. Oh! ces soirs et ces matins où le cœur se fond! Mais il faut y être deux. Malheur au solitaire; il ne connaît que les sourires de cet Eden, il n'en épuise pas le trésor. Combien de femmes de marins, venues ici pour revoir un instant l'époux arraché depuis sept mois, refouleront leurs larmes au souvenir de cette idylle! Mais il est d'autres amours, nées dans cette île et qui peut-être y mourront. Ces amours-là, je les souhaite à tout homme qui se bat sur la terre et sur l'eau. L'obus l'emportera dans la béatitude.

Adieu, Malte! Hier, sous une tonnelle odorante, les lueurs du crépuscule coloraient un visage tragique, et l'approche du départ mettait un tremblement dans les mots. Ce matin, vers l'aube, dans une église silencieuse, deux mains jointes et un front prosterné ont prié pour le voyageur. Le *Waldeck* est parti pendant le jour. Il a cherché sa voie, lentement, parmi les carènes immobiles qui bientôt, à leur tour, appareilleront. Hors des digues, déjà balancé, il a mis à toute vitesse et bondi sur l'onde bleue. Le long des remparts, quelques mouchoirs s'agitaient, des mains douces envoyaient des adieux déchirants. Chacun de nous, lorgnette aux yeux, cherchait la robe chérie et le visage adoré, qui devenaient plus indistincts à chaque tour d'hélice. Et puis la distance a tout effacé. Là-bas, de beaux yeux ont pleuré ; ici les paupières sont encore humides. La maladie du marin, c'est le départ.

Mer Ionienne : 5 mars.

Le printemps risque ses premières caresses. Je connais des pays de France où bourgeonnent déjà les cerisiers, où embaument les violettes et pointent les lilas. Le soleil d'avril y répandra bientôt la marée des germes épanouis, et les coquelicots prendront leurs couleurs au sang versé dans la Champagne et les Vosges.

Mais aucune herbe ne verdit, aucun arbre ne se pare sur notre mer stérile. L'onde y est plus bleue et le ciel plus pâle, l'air y transporte des souffles plus câlins ; cependant ces beautés sont des fantômes. Elles glissent comme les instants de notre vie monotone, comme les nuages blancs qui cheminent là-haut, gonflés de lumière.

Quelques êtres vivants distraient notre mélancolie. De tout jeunes marsouins, au ventre d'argent et au museau bien effilé, gambadent autour de la carène, jaillissent de la houle comme des lanières de fouet, retombent avec des déclics de ressorts éblouissants. Plus graves, les vieux marsouins poursuivent avec patience leurs éternelles oscillations, cousent d'un fil invisible la nappe maritime, et chacune de leurs piqûres sur cette étoffe bleue y laisse un point d'écume.

Quand ces folâtres animaux passent à petite distance, ils nous divertissent. Mais que de transes leur sillage plus lointain n'a-t-il pas données aux officiers de veille ! Sur la mer nue et radieuse, le trait d'argent d'un marsouin ressemble trop à la volute des périscopes... Et les périscopes rôdent... Les beaux jours sont venus, l'onde est clémente aux sous-marins qui descendent l'Adriatique jusqu'en mer Ionienne... Bien des gens n'y veulent point croire, mais les croiseurs savent que l'ennemi les chasse à mort. Nous rencontrons sur l'eau de vastes traînées plates et miroitantes comme la trace d'un colimaçon sur terre. Un sous-marin vient de passer par là. D'un bout à l'autre de l'espace, la ligne visqueuse étincelle, mais l'horizon est vide.

9 mars.

Plusieurs fois, au crépuscule, l'un des croiseurs a vu surgir, très loin, le kiosque et la carapace d'un sous-marin qui remontait pour la nuit. Le croiseur a bondi sur l'adversaire, mais dans le soir magnifique, le poisson d'acier a rempli ses réservoirs, et s'est immergé doucement. Le rouge du ciel a fait place au pourpre, et le pourpre au violet, et le violet au noir, à l'invisible... Le chasseur a informé l'armée navale de sa rencontre. Nous savons qu'il ne se trompe point, mais les autres navires, naviguant dans le Sud, nous traitent de visionnaires.

Visionnaires ! Plût au ciel que ce sarcasme fût vrai ! Nous ne connaîtrions pas, au cours des veilles, ces arrêts subits de la respiration, et les nuits de quart ne seraient point hachées par d'inutiles angoisses. De jour en jour, les équipages sentent plus probable une surprise mortelle, et il n'y a guère d'indifférents à bord que les animaux qui vivent parmi nous. Heureuses bêtes ! La nature les a dispensées des pressentiments.

Nos chats, lents et coquets, choisissent au

soleil un canapé d'acier tiède et s'y enroulent
en spirale, les naseaux sur leurs cuisses four-
rées, leurs yeux verts demi-clos; ou bien ils
s'allongent sur le flanc, les griffes agitées de
mouvements rétractiles, et offrent leur poitrail
aux baisers du vent. Ils oublient de dormir.
Sous la lune ou dans l'ombre, ils vont, efflan-
qués, et frôlent avec lenteur les cordages et les
métaux râpeux. Parfois ils miaulent, d'un
appel doux et rauque et sans espoir, car les
navires de guerre sont chastes, et nos pauvres
matous épuisent leurs nuits sans noces printa-
nières.

Vers quatre heures, au matin, Vénus se
lève, éblouissante et toute fraîche. Bientôt
s'effarouche la gent volatile. Entre les cheminées, un coq lance sa fanfare, les poulettes
piaillent, et voici des disputes à frou-frous de
plume pour la conquête d'une feuille de chou,
d'une becquée d'eau ou d'une graine... Nos
pigeons roucoulent languissamment, lustrent,
en gonflant la gorge, leurs ailes poudrées de
rosée saline... Sur ces bruits fins, courts, légers, s'écrase la plainte des bœufs destinés à
mourir. Ils meuglent d'une manière discrète.
A ces tumultes qui rappellent la patrie et la
campagne natale, l'officier de quart, sur sa

passerelle, croit aspirer le parfum des basses-cours, la saine odeur du fumier, et il prête l'oreille aux craquements des chars qui sortent de la ferme. Décevante nostalgie!... Les seules voix du travail sont les ronflements des ventilateurs, les pulsations de la machine et le frisson des ondes qui lèchent la carène. Nos seuls liens avec l'univers sont les croiseurs aux cheminées, aux fumées évasives, qui promènent de secteur en secteur le même vagabondage prudent. Et nous n'avons d'autre raison de vivre que l'attente des sous-marins qui rôdent. Les sous-marins, malédiction de cette guerre!

11 mars.

Il est un redoutable problème, que je n'ai pas encore résolu.

Du haut de sa passerelle, l'officier voit un navire, un compagnon, sauter, couler et disparaître. La catastrophe est lente ou rapide, il n'importe. Beaucoup d'hommes viennent de mourir sur le coup, mais il en reste sur les flots, épaves vivantes, qui sont condamnées si le voisin n'accourt. Le cœur, la pitié de l'officier de quart lui ordonnent de bondir vers le désastre et de glaner ces frères.

Mais non! Le sous-marin l'attend peut-être et pointe une nouvelle torpille. Il guette le sauveteur, sa puissance formidable, son millier d'hommes valides, et escompte son imprudence pour l'envoyer rejoindre la victime de tout à l'heure. Le devoir de l'officier lui enjoint de conserver à la France un navire intact qui demain vengera les morts par une action victorieuse.

L'Amirauté anglaise a résolu le dilemme. « Malheur aux blessés! a-t-elle dit. J'ordonne aux vivants de fuir! »

Les hommes qui tracèrent cette inflexible loi dans le recueillement de leur cabinet ne songèrent qu'à la grandeur de la marine, aux destins de la patrie. Ces mêmes hommes, officiers de quart, entendant l'appel de ceux qui se noient, ces mêmes hommes auraient-ils le terrible courage de s'enfuir?

Pendant les longues heures de veille, j'ai pesé ce mystère. Demain, ce soir, dans un instant, le drame dont je rêve peut surgir dans mon horizon. Si le sort veut que je sois frappé, je sais bien que le dernier cri de ma bouche gorgée d'eau à ceux qui m'approcheront sera celui-ci :

« Allez-vous-en! Le sous-marin vous guette! »

Mais si, dans la nuit cauteleuse ou sous le soleil bienveillant, je vois basculer un des navires compagnons du *Waldeck-Rousseau,* puisse une illumination me dicter ma conduite! Je ne la prévois point. Il est des tragédies où la raison trébuche, où l'homme est dépassé par la malignité des choses, où seules la révélation et la grâce lui permettent de trouver sa voie.

Lassitude, voilà bien de tes maléfices! Si nous agissions, je ne dériverais point vers de telles incertitudes. Je ne répéterais point, ici, ce que tous mes camarades, à chaque heure et à chaque minute, redisent autour de moi. Jamais les croiseurs n'ont été plongés dans un ennui plus profond. Les grandes routes marines passent au sud ou au nord de nos batteries présentes, les cuirassés sont au Péloponnèse, en Crète, et nous ne voyons plus les côtes d'Italie, compagnes des mois précédents. Nous ne nous douterions point qu'il existe des terres, si des messagers aériens ne nous apportaient leur arome.

D'où viennent tous ces oiseaux, qui depuis quelques jours hantent notre croiseur émergé de l'hiver? Quels bocages, quels nids ont-ils abandonnés? Le jour, ils volètent de mât en mât, de bossoir à passerelle, et la nuit ils se cachent dans des coins d'ombre secrets... Nous sommes égarés sur l'étendue sans arbres, à deux cents, à trois cents kilomètres de tout rivage, et ces oiselets aux ailes frêles choisissent cependant, au cours de je ne sais quel voyage, notre îlot de fer pour se reposer avant de partir je ne sais où. Ils sont tout jeunes et se tiennent mal sur leurs ailes inhabiles.

14 mars.

Une hirondelle, un pinson, un rouge-gorge et un bouvreuil, voilà ce que j'ai vu ce matin, vers le lever du soleil.

Il n'y avait rien dans l'espace, que de la lumière grandissante, une lune pâle inclinée vers l'ouest, quelques volutes de fumée paresseuse, et mes pensées incertaines. Et puis, de nulle part, est venu ce pinson, qui s'est arrêté sur la passerelle, à mes pieds, m'a regardé impertinemment, a paru rassuré de l'examen et, sans plus s'occuper de moi, s'est mis à sautiller sur le linoléum... L'hirondelle est arrivée ensuite, inquiète et souple, et si maladroite que, se posant sur les arêtes d'acier, elle oscillait et se rattrapait comme si elle pensait choir.

Elle nous reste fidèle. Des mains de matelots, grossières et affectueuses, ont déjà noué sur son corsage sombre une faveur jonquille, qu'elle porte coquettement. C'est notre passagère... Les autres, plus sémillants, ne s'arrêtent qu'entre deux vols ; sur notre pont, leurs becs tendres piquent, piquent et découvrent par miracle de quoi garnir leur panse minuscule ; perchés sur une tige, une paroi ou un cordage, ils se reposent quelques heures, la tête engoncée dans le cou et les ailes haussées jusqu'à leurs yeux comme des œillères. On les appelle ; ils ne répondent pas, car ils dorment. Et puis, soudain, pinsons et rouges-gorges partent tout droit, comme s'ils savaient réellement où ils vont. Ils se livrent sans peur au grand mystère du vide, et demain viendront d'autres pinsons, d'autres rouges-gorges, qui s'en iront aussi. Nous les aimons quand ils sont là. Nous les oublions quand ils fuient. Nous ne pleurerons pas leur mort. Ils sont semblables à nous, ces marins de l'air.

15 mars.

Plus heureux que nous, ils ne se préoccupent pas de leur destin, et tous les vents qui passent sont bienvenus à leurs ailes. L'insouciance est leur viatique. Ils ne se demandent jamais les raisons de leurs pèlerinages et n'imaginent pas que leur vie pourrait être plus utile. Nous envions leur âme et leur cervelle vides. Combien de fois n'avons-nous pas souhaité de tuer notre raison, de devenir des machines pareilles à nos machines, qui travaillent sans réfléchir? Les marins ne connaîtraient pas cette lassitude infinie de la pensée qui s'inquiète, et leur bouche moins amère ne tiendrait pas ces propos enfantés par le surmenage. Existe-t-il, dans cette guerre, des groupes de combattants qui, pour une tâche aussi pénible, aient besoin d'autant de patience? Depuis des semaines et des mois, depuis l'origine des temps, semble-t-il, les marins accomplissent les mêmes besognes, contemplent les mêmes visages, écoutent les mêmes voix. Leur oreille sait déjà ce que le voisin va dire; paradoxal ou aigri, vantard ou résigné, chacun de nous a fini depuis longtemps de

vider son bagage. Il n'y a point d'échappa-
toire, ni de renouvellement. On voit le dedans
des cœurs. Quelques amitiés, solides, cimen-
tées par les misères communes, réchauffent
cette existence. Mais les aversions, les inimi-
tiés s'affirment. Dans bien des carrés, maintenant, les repas sont devenus mornes ou chargés
d'aigreur. Il faut se taire, de peur de susciter
l'étincelle mauvaise. Tout est matière de discorde et rien ne détourne les reclus vers des
pensées aimables. On ne veut point envenimer
des relations déjà fâcheuses, et l'on se tait.

Par rafales, à la lecture d'un communiqué,
d'un radiogramme importants, les discussions
éclatent et montent au mode suraigu. L'on
ressasse pour la millième fois ce qui a été dit,
et, comme tous les arguments, depuis huit
mois, sont jetés sur la table, nul ne peut triompher dans la joute s'il ne prétend crier plus
fort que les autres. Le président de carré,
bénévole et rassis, se jette dans la bagarre et
ses admonestations soulignent l'inanité de
telles disputes. Les officiers comprennent qu'il
a raison. Mieux vaut se serrer les coudes.

Le silence retombe. En attendant son quart,
l'officier retourne dans sa cabine et s'efforce
d'oublier tant d'infortune. Écrire aux êtres

chéris? A quoi bon et que leur dire? Chacun s'acharne à quelque labeur mécanique. Ceux-ci apprennent l'espagnol, le grec ou le japonais; d'autres se mesurent avec l'*Éthique* de Spinoza ou la théorie des équations aux dérivées partielles; quelques-uns font de la gravure, collectionnent des timbres ou élèvent des tortues. L'essentiel, c'est de s'arracher du navire, de la guerre et de soi-même.

La nuit finit par poindre, nuit solitaire, nuit bienfaisante. Le sommeil efface tout et le service nous transforme en automates. Sur la passerelle, l'officier ne pense plus qu'aux devoirs supérieurs. Près de lui, veillent les statues coutumières des canonniers et timoniers; sous ses pieds vibre doucement le bâtiment qui vogue, et tout autour s'étendent les ombres qui ne parlent point. Des vols feutrés s'enroulent, se déroulent au-dessus de sa tête, et forment des anneaux de bruit. Ce sont des hiboux et des grands-ducs, eux aussi migrateurs, qui remplacent par notre mâture les décombres natales. Effarouchés, ils planent sur les veilleurs, et leurs ailes velues frôlent parfois notre casquette. Dans le noir du ciel, ils font des parcours indécis qui cachent les astres et les découvrent. Leur vol et leur silence se conjuguent avec nos pensées. Le soleil n'existe pas pour eux, pas plus que le bonheur n'existe pour nous. Peut-être voudraient-ils de la lumière, mais leurs yeux clignotants ne peuvent pas la supporter. Tel est notre cœur. Il a perdu, voici des mois, toutes les joies de vivre, et n'ose plus les regarder en face.

17 mars.

Après avoir, pendant quatre heures, occupé son cerveau et ses yeux à des pensées et des regards pleins d'inquiétude, l'officier transmet à son successeur les renseignements nécessaires et descend vers sa cabine ou vers le carré. Son esprit est trop éveillé pour choir dans le sommeil, trop las pour réfléchir. Le croiseur est comme un château de *la Belle au bois dormant*. Dans le labyrinthe des échelles, des portes et des couloirs, les trous obscurs succèdent aux pénombres des lampes atténuées. De chaque côté des batteries, s'alignent les portes closes des cabines où les officiers et les maîtres se débattent entre l'insomnie et de mauvais rêves. Une lueur charbonneuse éclaire les hamacs suspendus. Après les dures tâches, les matelots y dorment dans la posture où les a surpris l'engourdissement; les mains et les genoux qui pendillent sont gantés de charbon; bien des visages semblent maquillés en noir.

A la montée des machines, chauffeurs et soutiers, pêle-mêle, se sont écroulés sur le plancher métallique, sans force pour se hisser dans leur hamac. Il faut être attentif, si l'on ne veut écraser une poitrine ou une oreille. Le bateau pourrait sombrer, ces hommes ne se réveilleraient point de leur anéantissement. Quelques-uns, plus douillets, ont pris la peine de se procurer un traversin : c'est une briquette de charbon, bien dure et bien poudreuse; leur joue s'y écrase aussi mollement que sur un oreiller de plume.

Mains tendues et pieds hésitants, l'officier chemine, se heurte, s'arrête. Au passage, il fait la ronde des veilleurs, des canonniers, des factionnaires. Enveloppé dans sa couverture, appuyé à la culasse, un pointeur contemple par le sabord la fuite de l'eau grise. Ses yeux sont grands ouverts, mais quelle peut être la rêverie de cet homme qui, chaque jour, chaque nuit depuis tant de mois, regarde le glissement de l'eau?

« Eh bien, Kersullec, ça se tire ! chuchote l'officier.

— Oui, capitaine. C'est pas que j'aie pas sommeil, mais je tiendrai encore mes cinquante minutes. »

Et plus loin :

« On ouvre l'œil, hein, Le Bihan ! Vous savez qu'hier soir l'on a signalé un sous-marin..., tout près...

— Qu'il vienne, donc, capitaine ! Il verra si Le Bihan dort à la veille ! »

Parvenu au carré, l'officier se débarrasse des vêtements de mer, du cache-nez, des gants et des jumelles. Il grignote un croûton de pain ou un carré d'endaubage et se rafraîchit les lèvres d'une goutte de vin. Le désordre du soir précédent a laissé les journaux sur les banquettes rouges, les jeux sur les guéridons verts. On feuillette machinalement, sans lire ; on brouille sans y penser dominos et cartes et, avant de regagner la couchette maussade, l'on jette un coup d'œil sur le cahier de paris.

22 mars.

Heureuse trouvaille, ce cahier de paris, qui a chassé du *Waldeck-Rousseau* les disputes acrimonieuses! Puisque, dans cette guerre, le pronostic de demain ou de la semaine prochaine se dérobe à tout raisonnement, à quoi bon les arguties? Si l'un de nous, par quelque révélation, acquiert sur les événements futurs un jugement défini, il l'écrit sur ce cahier, avec la date, l'heure et le lieu... Un trait de plume sépare la page en deux colonnes, l'une pour, l'autre contre, et le parieur propose l'enjeu. Les survenants signent à droite ou à gauche et, quand arrive l'échéance du pari, les mauvais prophètes s'exécutent gentiment. Il n'y a pas moyen de se dédire, et c'est bien plus amusant que toutes les discussions.

30 mars.

Ce matin, vers quatre heures, j'ai mis ma signature dans les colonnes des paris les plus récents. Voici les trois gageures qui m'ont intéressé.

Vendredi 26 mars — 8 h. 50 — par 38° 11′ N. et 16° 11′ E.

M. X... parie qu'avant trois mois l'Italie sera en état de guerre, mais non la Roumanie.

Enjeu : un dîner à Paris en 1917, dont les

gagnants choisiront la salle et composeront le menu.

La page de ce pari est criblée d'amendements et de disjonctions. Le nombre des signatures s'équilibre à droite et à gauche. Les gagnants auront mauvaise grâce à triompher.

Dimanche 28 mars — minuit — par 38° 02′ N. et 18° 07′ E, M. J... parie contre M. Z... que le ministère Viviani ne passera pas l'année 1915.

Enjeu : les deux parieurs étant célibataires, le perdant s'engage à servir de garçon d'honneur au mariage du gagnant. Celui-ci s'engage à lui choisir une jolie demoiselle d'honneur.

Quelques comparses ont émaillé la page d'appréciations facétieuses. A vrai dire, je ne sais pas quelles sont les plus spirituelles : de celles qui commentent le pari ou de celles qui discutent l'enjeu. Entre la fiancée et le président du conseil, la demoiselle d'honneur, le gagnant et le perdant, c'est un galimatias du dernier burlesque.

Mardi 30 mars — 2 h. 30 matin — par 38° 10′ N. et 16° 23′ E, M. W... parie qu'avant un mois l'un des sept croiseurs de l'Ionienne sera coulé par un sous-marin et perdu corps et biens.

A ce pari, je ne vois pas d'enjeu ni de signature négative.

4 avril.

Depuis sept semaines, je n'avais pas quitté le croiseur, mais un nouveau devoir m'a forcé de descendre à terre pendant notre charbonnage de ce matin : mon tour est venu de pourvoir à la nourriture de mes vingt-cinq camarades du carré.

En aucun temps, cette fonction ne sourit; dans notre campagne de guerre, elle exige une patience angélique, parce que les approvisionnements sont difficiles et les caractères incertains. Sans enthousiasme, chacun de nous voit approcher la date où il va devenir le bouc émissaire des dyspepsies et des foies douloureux. Mais l'implacable liste, tirée au sort avant notre départ de Toulon, désigne tous les deux mois un nouveau « chef de gamelle ».

Ménagères qui vous lamentez sur le prix des vivres et la triste qualité des œufs, prenez passage sur les navires qui circulent en mer Ionienne, et vous apprendrez quelques misères ignorées. Il ne s'agit point, en nos parages, de varier les menus, de tâter d'un pouce délicat tel poisson ou telle viande, ni de calculer, à la demi-livre près, ce qui nourrira la maisonnée sans gaspillage. La besogne est plus épineuse.

Pendant quinze ou vingt jours, le croiseur a tenu la mer sans désemparer ; il a pris son charbon au large et ne s'est ravitaillé nulle part. Les provisions fraîches sont passées à l'état de souvenir ; les œufs, conservés dans la paille ou la chaux, acquièrent de repas en repas un goût plus riche, plus nerveux. Secoué dans des barriques tièdes, le vin se frelate. L'eau douce prend leur rouille aux caisses de fer et l'on croit avaler le breuvage méphitique de quelque station pour malades. Notre pain est lourd, indigeste, car les boulangers ont le mal de mer et la farine moisit. Comme dessert, nous grignotons des noix vides ou gelées, des raisins secs, excessivement secs, et des amandes incassables ou remplies de poudre.

Malgré labeur et fatigue, on repousse les tristes aliments relevés de charbon. Sous la dent, craquent des grumeaux qui n'ont point la saveur de la vanille : ce sont des escarbilles incorporées aux sauces… Matin et soir, il faut affronter un ou deux plats de bœuf. Et quel bœuf !

Massées par le vent et l'embrun, balancées

par le roulis qui blesse leurs tendres naseaux, les pauvres bêtes de boucherie piétinent mélancoliquement le métal du pont et flairent sans convoitise leur foin fermenté. En quelques jours de mer, elles ont perdu leur graisse. On doit les tuer à temps, de crainte qu'elles ne meurent pendant la nuit; elles se vengent sur nos dents de cette agonie maritime : leur chair est un paquet de ficelle décolorée, qui offre la joyeuse élasticité du caoutchouc... Je ne veux point décrire les poulets qui survivent à quelques semaines de croisière : il me faudrait le vocabulaire du cordonnier.

Or, dans leurs campagnes lointaines, les marins se pourvoient habituellement de quelque malaise digestif ou rhumatismal, qui sommeille aux heures de prospérité et se ranime à l'heure juste où l'on s'en passerait bien. Sept mois de mer à outrance, aggravés par ce régime, ont ressuscité toutes les infortunes. A ces martyrs, il faudrait une alimentation pure et légère. Où la prendre? Le chef de gamelle ne peut transformer en œufs du jour ces coquilles où frémissent des poussins anxieux d'éclore, ni en lait frais le visqueux amalgame enclos dans des boîtes de fer. Les nouilles anémiques, les purées verdâtres et le riz coagulé s'installent progressivement sur de plus nombreuses assiettes. Des teints jaunissent, des traits se tirent et la bonne humeur s'évapore. Les discussions sur la guerre ou le service tournent à l'aigre. Ceux que le sort a pourvus d'une santé sans défaillance endossent philosophiquement les diatribes : « Soulage-toi, mon pauvre ami, pensent-ils, soulage-toi ! Je te répondrais bien, mais c'est ton entérite qui parle ! »

Une nuit, survient le radiogramme du commandant en chef :

« Vous charbonnerez mercredi à Dragamesti, avec le cargo *Marguerite*. » Nous ne sommes qu'à dimanche, mais un sourire s'installe sur mille visages. Le croiseur tout entier prend cette allure plus alerte du cheval qui sent le relais. Triste relais cependant ! Du matin au soir, dans un havre où le vent souffle en étourdi, le navire s'encapuchonnera de charbon ; les matelots s'épuiseront, les officiers s'égosilleront pour hâter l'engloutissement des sacs, et l'on repartira, plus fatigué qu'à l'aube, pour quinze ou vingt jours de pèlerinage. *Mais on se sera arrêté*. Marins du monde entier, vous me comprenez tous !

Le chef de gamelle se réjouit et devient

soucieux. Entre deux quarts, il tient des conciliabules avec le cuisinier et le maître d'hôtel. L'un et l'autre sont neurasthéniques : il leur répugne autant de préparer nos pitances qu'il nous fatigue de les ingérer. Mais l'espoir, invincible dans le cœur des hommes, ragaillardit le trio.

« Capitaine, dit le maître d'hôtel, achetons des figues, de la salade et du fromage frais. Cela relèvera le menu pour une semaine.

— Entendu, répond le capitaine chef de gamelle. Mais en trouverons-nous?

— Et moi, demande le cuisinier, je prendrai quelques agneaux, du poisson pour deux ou trois jours, et si je mets la main sur un mouton bien gras, je vous garantis que ces messieurs seront contents.

— Entendu. Mais j'ai peur que nous ne trouvions pas grand'chose.

— Et puis, il me faut au moins quatre cents douzaines d'œufs. La dernière fois, nous n'en avons pris que deux cents; une bonne moitié était pourrie et l'on en consomme six à sept douzaines par jour. Or, en vingt jours...

— Eh! Grands dieux, mon ami! Où trouverai-je l'argent?

Car c'est un fait : en temps de guerre, et

dans des parages de ravitaillement presque impossible, les marins ne touchent, pour leur solde et leur nourriture, pas un maravédis de plus qu'en temps de paix. Sur ce détail, le chef de gamelle a son opinion, mais il la garde; crayon et carnet en main, il oscille entre la crainte d'outrepasser son crédit et celle d'encourir l'anathème de ses camarades. Ouvrant sa caisse, il compte les billets et le billon, referme la serrure d'un coup sec et murmure :

« Je n'en sortirai jamais. »

Le lundi, le mardi passent. La joie universelle grandit. Les rides du chef de gamelle se creusent. C'est demain mercredi, jour fatal. Mais au crépuscule arrive un autre radiogramme :

« Charbonnier *Marguerite* retardé par mauvais temps. Charbonnerez jeudi avec *Circé*. »

A ce répit qui désole tous les autres, le chef de gamelle se rassérène et dort mieux. Il vient de gagner vingt-quatre heures. Mais cette quiétude est secouée, à table, par les apostrophes des bien et des mal portants, qui proclament en chœur que la nourriture est immangeable — ils ont raison — et qu'on devrait pendre le chef de gamelle... Pauvre chef de gamelle!

Survient un troisième radiogramme :

« Restez dans le troisième secteur jusqu'à samedi prochain. Charbonnerez dimanche à Sainte-Maure avec *Bayonnais*. »

Horreur et désolation ! La langue des marins ne manque pas de ressources, mais elle devient fastueuse dans les cas désespérés. Celui-là en est un. Rabelais lui-même, prince de la truculence, ouvrirait de grandes oreilles, tandis que les marins — ordinairement policés — interprètent ce troisième radiogramme. Je n'ose reproduire ces explosions, et m'en tiens à mon héros du jour : le chef de gamelle.

Les plus amères plaisanteries ont une fin... Vers l'aurore, le bâtiment trouve sa voie et mouille au rendez-vous fixé. Je n'affirme pas que ce soit à Sainte-Maure, ni le dimanche, ni avec le *Bayonnais*. C'est peut-être avec le *Biarritz*, et à Anti-Paxo, et le mercredi suivant. Nous n'en sommes ni à une semaine, ni à cent kilomètres près, mais le croiseur est immobile, le charbonnier accosté à son flanc et l'équipage déjà plongé dans un cyclone de poussière noire. Poche garnie, cœur anxieux, entouré de ses deux acolytes, le chef de gamelle gagne en canot à vapeur le rivage nourricier. Dix maisons et une église basse peuplent ce rivage, et du caillou solide, du caillou inculte, occupent l'horizon terrestre. A chaque tour d'hélice, l'espoir des provendes s'évanouit. On touche au quai, s'il y a un quai ; quand il n'y a rien de mieux, on s'échoue sur la plage, et le trio gagne l'agglomération. Des Grecs, au sourire intelligent et au langage inintelligible, se trouvent toujours à point nommé pour vous conduire aux marchands d'œufs, de volaille, d'épicerie ou de bestiaux. Ces officieux vous prennent la main et vous tirent par la manche. Ils montrent les certificats d'un autre croiseur, parti la veille, et qui a sûrement tout raflé, le brigand ! Après mainte flaque de boue, après mainte ornière, les trois condamnés arrivent devant le troupeau, le poulailler ou l'éventaire.

Je soupçonne les gens de ce pays-ci d'avoir installé, le long de leurs côtes, des sanatoriums pour agneaux lymphatiques et bœufs tuberculeux. Je les soupçonne de cultiver le buis et le fusain, de les découper aux ciseaux, et de les baptiser salade. Je les soupçonne enfin, quand ils vendent les œufs huit sous pièce, de vouloir vous en donner pour votre argent et d'y mettre l'odeur par-dessus le marché.

« Si vous voulez voir de plus belles bêtes, il

y a un autre troupeau à dix kilomètres, derrière les marécages. »

« Dans cet îlot en face, je connais un homme qui cultive les légumes. Allez-y! Vous n'en aurez que pour trois heures, aller et retour. »

« Oui, vous pourriez trouver des œufs plus frais chez le voisin, mais il est justement parti pour la montagne la nuit dernière. »

Le chef de gamelle met quarante minutes à comprendre ces propositions narquoises. Il dispose de quelques heures, dans un pays perdu, et il doit avant le soir recueillir la nourriture de vingt-cinq hommes pour vingt jours. La sueur au front, suivi du maître d'hôtel et du cuisinier, il visite les lamentables boutiques et les basses-cours équivoques.

« Nous n'avons plus de figues ni de raisins. Les Allemands ont tout acheté depuis trois mois.

« Hier, un de vos bateaux a pris les plus belles pièces. Ah! si vous étiez venu avant-hier!... »

Les heures passent, qui n'améliorent point la qualité de ce qu'on offre. De plus en plus narquois, les officieux vous pressent d'acheter, car ils savent que le croiseur appareille au crépuscule, et leur bonne âme redoute qu'il ne parte sans provisions. Dans une voiture grinçante ou sur un cheval poussif, le chef de gamelle va voir ce troupeau, ce poulailler fameux, et s'en revient avec l'envie de tuer son guide. Le soir arrive. Le croiseur siffle, hisse le pavillon de rappel et va prendre le large dans une demi-heure. Il faut acheter, coûte que coûte. Alors, pêle-mêle, dans des sacs ou des couffins, sous l'aiguillon des pâtres, sur l'épaule des gamins complices, se dirigent vers le canot à vapeur les œufs et les légumes suspects, les animaux étiques et les volailles parcheminées. L'esprit hanté par de sombres pressentiments, le chef de gamelle offre de beaux billets bleus, des pièces d'or toutes neuves, en échange de ces victuailles précaires. Les filleuls de Mercure le chicanent sur le change et le prix, les porteurs réclament leur pourboire, et le marché se résout dans un tohu-bohu d'invectives. Mais tout cela n'est rien auprès de ce qui se prépare à bord.

Enfin, tout est en ordre. Poursuivi par les lazzis, le vapeur s'éloigne du quai, gagne le navire qui lève l'ancre et entame dans la nuit ses vingt jours de navigation... Aux questions des camarades, le chef de gamelle essaie de faire bon visage, mais, dès le repas du soir, il devine le supplice raffiné qui durera jusqu'à la prochaine escale, et appelle à son secours le dieu de la résignation.

Cette après-midi, comme j'avais épuisé ma provision d'or et d'argent, je donnai un billet de 100 francs à quelque éleveur de poulets élastiques. Je lui devais encore 14 francs. Au lieu de me rendre 86 francs, il me fit la monnaie complète du billet, en pièces de cinq, deux et une drachmes (1). Au milieu d'un concours de gamins et d'hommes attentifs, il la compta, la recompta, et me la mit dans la main.

De ces 100 francs qu'il me rendait, je prélevai au hasard deux pièces de cinq drachmes et deux pièces de deux drachmes, qui faisaient le compte. Mais, du bout des doigts, il me restitua les deux pièces de cinq drachmes, et je ne saurais traduire l'air dont il me dit :

« Vos deux pièces sont fausses. Donnez-m'en deux autres. »

Si j'étais Allemand, je l'eusse assommé. Je me contentai de jeter les deux pièces dans un tas de boue qui se trouvait là par aventure, et

(1) Une drachme vaut un franc.

de sauter sans mot dire dans mon canot. Pendant le trajet, j'examinai les autres pièces. Elles étaient saines. Et je ne pus m'empêcher de rire, car si j'avais choisi, pour payer, deux bonnes pièces, le digne éleveur m'eût volé 10 francs.

J'ai beaucoup voyagé, j'ai vu bien des filous : je donne à celui-là le premier prix d'excellence.

Canal d'Otrante, 25 avril-1ᵉʳ mai 1915.

Les croiseurs de la mer Ionienne reçoivent l'ordre de remonter jusqu'au canal d'Otrante. Peut-être le commandant en chef, qui se trouve vers le sud de la Grèce, a-t-il appris que les Autrichiens préparent des opérations navales et nous envoie-t-il surveiller l'ennemi de plus près ; peut-être ce mouvement correspond-il à quelque jeu sur l'échiquier de la guerre. Peu nous chaut. Nous quittons les parages déserts et cherchons les amis des premiers jours : Santa-Maria di Leuca, Fano, Corfou.

Nous retrouvons leurs charmes et leurs grâces. L'automne les avait parés de couleurs adoucies, avril les enveloppe d'une lumière virginale. A la pointe de l'Italie, le phare de Leuca se dresse comme un doigt de marbre toujours blanc, et les îles, les montagnes d'Épire sont roses au matin, bleuâtres pendant le jour, mauves au crépuscule. L'air est si merveilleusement pur que la nuit même conserve aux choses leur couleur. Il y a, sous la lune, des violets et des jaunes.

Aucun loisir ne nous manque pour admirer ces beautés déjà familières. Les croiseurs vont très lentement, car ils ne doivent point dépenser trop de charbon. Plusieurs fois l'on s'est étonné que l'un ou l'autre voulût devancer le rythme prévu des charbonnages et faire son ravitaillement deux ou trois jours plus tôt. Pour ne pas encourir le reproche de s'arrêter plus qu'il ne convient, les croiseurs ont repris des allures paresseuses et les consommations de combustible sont redevenues satisfaisantes. La nuit surtout, dans le calme religieux dont les collines de Corfou et le phare de Leuca forment les sentinelles, il semble que nous sommes immobiles.

La famille des croiseurs, dispersée naguère sur les étendues de la mer Ionienne, se retrouve à tout instant et joue aux quatre coins.

Dans le courant d'une journée, l'on en voit
trois ou quatre, qui montent doucement sur
l'horizon, font une courbe arrondie au bord de
leur carreau et repartent avec nonchalance.
Quand ils ont quelque chose à se dire, deux
camarades se rapprochent ; le *Ferry* parle au
Gambetta par signaux à bras ; le *Waldeck* au
Renan par pavillons et flammes ; au moyen des
jumelles on reconnaît des amis ; de la casquette
ou de la main, les bonjours s'échangent. La
conversation finie, chacun tourne le dos et s'en
va surveiller son carré liquide. Tous les matins,
de 8 à 9 heures, les bâtiments signalent
en radiogrammes leurs existants de charbon,
leur consommation journalière, le nombre des
malades et le numéro du secteur où ils pa-
trouillent. Si l'un d'eux a fait ou aperçu des
choses intéressantes, il les mentionne. C'est
une petite causette quotidienne, grâce à quoi
nous nous sentons moins seuls, à portée de
voix pour ainsi dire. Pendant leur quart, les
officiers consultent le cahier de radiogrammes
et lisent en courant les nouvelles des voisins,
de même qu'on écoute, sans y faire attention,
l'ami rencontré dans la rue et qui vous donne
le bulletin de bonne santé de sa famille.

Nous sommes, en outre, replongés dans le

grand trafic international. De nouveau, la théorie des vapeurs, cargos et voiliers, passe le long des côtes italiennes ou grecques. Il ne faut point les approcher trop, de peur de pénétrer dans les eaux territoriales, et l'Italie, la Grèce, avec qui notre Entente poursuit des négociations, se montrent chatouilleuses sur le respect de leurs frontières marines. Visitant quelque navire trop près de la limite, l'un des croiseurs est accusé de l'avoir franchie, et l'affaire, exagérée à plaisir, prend des allures inquiétantes. Mieux vaut éviter la ligne litigieuse, et n'accoster que les bateaux à l'âme limpide qui se risquent en haute mer.

Afin que les équipages ne perdent point l'habitude de l'artillerie, qui dort d'un profond sommeil pendant cette guerre déconcertante, on fait de temps en temps des tirs sur but flottant. Non pas des tirs à charge de combat : nos canons font tant de bruit qu'une heure plus tard tous les télégraphes du monde annonceraient « la grande bataille navale du canal d'Otrante ». Mais ce que l'on appelle en marine des tirs réduits. Avec de petites charges et de petits obus, on tire sur de petits buts en toile et en bois, qui flottent sur l'eau comme des jouets d'enfants poussés par la brise. Toute

proportion gardée, cela ne fait guère plus de
bruit qu'une sarbacane lançant des pois, mais
l'organisme entier — machines, conduite du
navire et du tir, télémétrie et discipline du
feu — fonctionne ainsi qu'il ferait au combat.
Quand on ramasse le but, l'équipage examine
la toile et la charpente, compte les trous et les
égratignures, épilogue sur cette parodie de
bataille... Assouvissement chétif de notre désir
d'action... Une pensée nous console : les Autrichiens à Pola, les Allemands à Kiel, les Anglais
dans leurs bases d'attente, s'épuisent aux mêmes
vanités que nous : tirs réduits et simulations
de bataille. Oui, cette guerre navale est déconcertante.

Ainsi pensai-je pendant ce quart de l'autre
nuit, où chaque chose avait atteint la perfection de la beauté. Une lune bien pleine, aux
reliefs adoucis, au contour aussi franc que
celui d'une médaille neuve, cheminait dans le
ciel pur comme un regard d'enfant. Les étoiles
se gonflaient d'aise. Des éclairs sans forme
illuminaient une province du firmament, et
puis une autre, sourires vagabonds de la nuit
sans arrière-pensée. L'onde enivrée de tiédeur
avait une haleine calme et presque parfumée,
et il semblait que notre étrave, en la coupant,

profanât un sommeil divin. C'était un de ces instants où l'homme le plus disgracié sent choir en son cœur des flots d'amour, et, comme mes yeux ne rencontraient que des choses éternelles, mon esprit acquérait leur béatitude. Le croiseur surveillait le milieu du canal d'Otrante ; à sa gauche, un camarade tenait la garde vers Fano et Corfou ; à sa droite le *Gambetta*, dans le secteur d'Italie, recevait de temps en temps les éclats du phare. Pendant l'après-midi, nous étions venus tout près du *Gambetta ;* nos embarcations avaient échangé les plis, le courrier, les ordres, et c'est le *Waldeck-Rousseau* qui devait, après la séparation, occuper le secteur d'Italie. Au dernier moment, je ne sais quelle décision a fait prendre notre place au *Gambetta* et nous a retenus dans le rectangle central. Cela n'a guère d'importance, et notre tour viendra demain de voisiner avec le phare.

Je renonce à décrire le train des pensées qui hantent l'officier de quart lorsque la nature clémente lui accorde le répit physique. Tout en surveillant la mer d'un regard implacable, il fait le tour du temps, le tour du monde et le tour des idées. Le papillon qui butine est moins capricieux que son rêve, et puis enfin, sur quelque fleur de la pensée, il se pose. Je me souviens que cette nuit, vers la troisième heure de mon quart, je m'obstinai sur le contraste de la nature pacifique et de la tourmente humaine. J'avais enlevé ma casquette pour mieux sentir les doigts caressants de la nuit ; j'avais même retiré mon veston, je recevais presque contre la peau la fraîcheur d'un zéphyr qui vivifiait. Sur la mer tellement éclairée qu'elle en paraissait diaphane, je ne voyais pas grand'chose ; mais c'était là sans doute faiblesse de ma vue, fatigue de trop longues navigations, lassitude que tous mes camarades de quart sur les croiseurs, en cette nuit, éprouvaient comme moi. Pour le reste, j'étais lucide.

L'œuvre de la France et de la Russie, l'entreprise des Dardanelles et de Gallipoli, ce qu'on n'avait point fait, ce qu'on aurait pu faire, ce que l'on devrait faire, chaque chose se dessinait en images précises. Il y avait autour du croiseur tant de silence et de lumière silencieuse, que mes pensées me parlaient à haute voix. Quand mon successeur vint me remplacer à la veille, je lui dis rapidement les paroles de métier et demeurai quelques minutes avant de redescendre en ma cabine, afin de jouir encore un peu de la merveille nocturne.

Pas un seul bruit ne survint, pas une clarté ne se montra, et je quittai la passerelle avec regret. Je m'imaginai que vers la droite et vers la gauche, à quelques milles de distance, les officiers des croiseurs voisins éprouvaient les mêmes sensations ; j'en fus consolé.

Le jour qui vint remplaça les beautés modestes de la nuit par des beautés éblouissantes, mais tout demeura semblable autour du croiseur : calme, silence et chaudes haleines. Après un lourd sommeil, une matinée sans émotions et un repas bref, je repris à midi le quart interrompu. Les mêmes pensées accompagnèrent les mêmes soucis professionnels. Des unes aux autres, il n'y avait que le degré de la lumière lunaire à la lumière solaire. Mes raisonnements étaient plus vifs, mes rancunes plus fortes, mais l'étincellement des flots ne montrait rien. Comme nous n'avions pas à communiquer aux croiseurs de droite et de gauche, nous restâmes sagement au centre de notre secteur, et mes seuls compagnons de quart furent le soleil, les oiseaux migrateurs et quelques marsouins.

Vers 2 heures, l'on m'annonça qu'un matelot du bord venait de mourir subitement. La nouvelle m'arracha de ma quiétude. Je sais bien qu'en cette guerre la mort d'un homme ne compte pas, surtout quand on ne connaît cet homme qu'à la manière d'un numéro. Je ne pus me défendre d'une certaine mélancolie, et la succession des rêves s'inclina vers le sombre. Pauvre petit marin qui abandonnes la vie dans ta prison de fer, quelle sera ta sépulture? La roche parfumée de Grèce, ou le sable d'Apulie, ou l'enveloppement des abîmes ioniens? Où qu'elle soit, nulle main ne viendra jamais fleurir ta croix de bois blanc, et ceux qui t'écrivent, aujourd'hui peut-être, ne sauront pas sur quel point du vaste monde ils doivent diriger leurs larmes.

Jusqu'à la fin de mon quart, je pense à cette destinée des marins, qui ne s'arrêtent même pas pour mourir. Autour de moi, les visages des veilleurs, des canonniers, ont ce même aspect grave que doit avoir le mien. Ce deuil, me semble-t-il, nous atteint plus qu'il ne faudrait. N'y a-t-il pas, je ne sais où, un drame plus terrible?

Afin de chasser de tels pressentiments, je vais retrouver dans ma cabine mon petit chien Jimmino, qui a le nez froid, les yeux tendres et le poil soyeux. Depuis mon dernier séjour à Malte, il a échangé la douceur du foyer de

sa maîtresse pour la dure existence d'un navire. La nuit, il dort au creux de mon épaule,
et, quand il se réveille, contemple mon sommeil sans bouger. Quand je travaille, il se
plaint doucement jusqu'à ce que je le hisse
sur mon bureau. Il met sa tête entre ses pattes
et suit la course de la plume. Il n'aime point
que je demeure trop longtemps sans lui parler, car je le crois de tempérament jaloux.
Pour me faire savoir qu'il est là, Jimmino se
dresse, marche sur mes feuilles où ses pattes
dessinent de gros filaments d'encre. Alors je
lui donne un petit coup de poing sur son
museau froid et l'invective :

« Veux-tu t'en aller, horrible petite chose
mal élevée! Que dirait ta maman si elle te...

— Bien, bien, répond la queue panachée
qui frétille. Tu as parlé, ô maître silencieux,
tu m'as battu, donc tu m'aimes. Je ne t'en
veux plus. »

Jimmino se recouche à portée du papier,
les naseaux si près des feuilles qu'à chaque fin
de ligne je sens leur souffle tiède sur le dos
de mes doigts. Il regarde mon front penché,
mes yeux lointains, et il pense :

« Je sais bien que tu t'ennuies, et tu m'as
pris avec toi pour te distraire. Je suis bien

content lorsque tu daignes penser à moi. Mais crois-tu que je m'amuse? Je jouais naguère avec la chatte, dans les escaliers, sous les meubles et autour de l'écuelle. Cela sentait bon partout et on me lavait chaque matin. Ici, c'est plein de charbon et de mauvaises odeurs. La mer qui remue me donne le vertige. Et puis, je suis devenu un chien d'officier, et je ne peux plus frayer avec les bêtes de l'équipage. Que t'ai-je fait pour que tu m'exiles? Écoute donc, ô maître silencieux. Parle-moi. »

La patte s'allonge, prudemment, jusqu'au bord de la ligne fraîche écrite : « Arrière, Jimmino! Tu vas me faire un beau pâté! »

La patte se retire.

« Bah! tu as raison, reprend le maître. Il est tard. On va manger dans un quart d'heure. Viens sur la passerelle. Nous allons prendre l'air. »

Mouvant et tiède, je hisse Jimmino sur mon épaule, où il ne pèse guère. Il s'y carre, s'appuie sur mon oreille que chatouillent les flocons de sa poitrine, et il tremble à ma course rapide dans les batteries, le long des escaliers, jusqu'à l'altitude de la passerelle.

Le crépuscule est inimitable : douceur, nuances et délices.

« Quoi de neuf? dis-je à l'officier de quart.

— Rien... La séance continue.

— Radiogrammes intéressants?

— Aucun! Eiffel, Norddeich, Poldhu, communiqués. Les croiseurs n'ont rien à dire... Va lire le cahier.

Je me dépêche de feuilleter le cahier des télégrammes. D'un coup d'œil, je parcours les cent ou deux cents textes du jour. C'est la même antienne qu'hier et que demain : « Quitté Navarin à 14 heures », dit celui-ci. « Je compte finir mon charbon ce soir », dit celui-là. « Je fais route pour Bizerte », dit un troisième, et ainsi de suite pendant quatre pages.

« Eh bien? conclut l'officier de quart. Tu vois qu'il n'y a rien.

— C'est drôle. Le *Gambetta* n'a pas parlé aujourd'hui.

— Il n'avait sans doute rien à déclarer.

— Il aurait dû signaler ce matin sa situation journalière.

— Avarie de télégraphie sans fil.

— Peut-être... Tout de même, il n'a rien dit depuis hier soir 9 heures...

— Y a-t-il des croiseurs qui l'ont appelé?

— Oui! Et il n'a pas répondu.

— Tu es sûr?

— Va voir. Je veille à ta place.

Cinq minutes plus tard, mon camarade revient, ayant parcouru, examiné, pesé, les quatre pages de radiogrammes.

« Tu as raison, dit-il. C'est bizarre... D'ailleurs, il ne lui est rien arrivé. Il aurait toujours eu le temps de signaler S. O. S. (1). Ça ne prend pas deux secondes.

— C'est vrai... Il devait tout de même répondre aux bateaux qui l'appelaient.

— Il a eu tort... On verra ça demain. »

Je redescends dîner. Dans les barreaux de ma chaise, Jimmino, accroupi comme un sphinx, attend les miettes du repas. Notre assemblée n'est pas très bruyante. On épilogue sur le décès du jour, et le médecin reçoit placidement les plaisanteries habituelles. La conversation languit sur les affaires turques. Pourquoi n'y a-t-il pas d'entrain? Les officiers qui vont prendre le quart se lèvent pour endosser les vêtements de nuit; l'on accom-

(1) S. O. S. Groupe du code international qu'un bâtiment signale quand il est en détresse.

pagne leur sortie des souhaits coutumiers :

« Bon quart, mon vieux.

— Ouvre l'œil.

— Ne nous mets pas en retard.

— Tu sais que je prends ce soir le rapide pour Paris.

— Si tu vois un sous-marin, tâche de ne pas me réveiller.

— Et puis, ajoutai-je, fais-moi prévenir dès qu'il y aura un radio du *Gambetta*.

— Pourquoi?

— Il n'a pas parlé depuis bientôt vingt-quatre heures.

— Fichtre! murmura l'assemblée. Que lui est-il arrivé?

Les tables de jeu s'installent : domino, échecs, bridge; les fumeurs allument leur pipe; les liseurs déploient un journal; d'autres s'allongent sur les coussins. Quelques paroles interprètent le silence du *Gambetta*.

« Avarie de télégraphie sans fil...

— Il n'avait rien à dire...

— Il aurait dû signaler sa situation journalière...

— Il aurait dû répondre quand on l'a appelé...

— On verra ça demain!

Les cartes tombent, les dominos grincent, les journaux crissent et les pipes s'activent. Tout ce petit monde se tait, s'absorbe dans le jeu, la lecture ou le rêve. Mais c'est une apparence... Hier après-midi l'on a causé avec le *Gambetta ;* la nuit dernière il a croisé dans le secteur où nous devions aller... Depuis vingt-quatre heures, il garde le silence... Sur les cartes, sur le journal et dans la fumée de la pipe, chacun lit ces phrases inquiétantes... Mais personne n'en dit rien... Je vais me coucher, car je reprends le quart au milieu de la nuit.

Jimmino trottine derrière moi, s'installe près de l'oreiller, s'endort d'un sommeil sans rêve. Et moi, j'attends pendant des heures les nouvelles du *Gambetta*. Yeux clos ou paupières ouvertes, je n'ai pas pu m'évader de cette hantise. Tous mes camarades m'ont dit qu'ils avaient passé une nuit blanche.

Dans l'ombre, je remonte prendre le quart. Mon prédécesseur me le passe en phrases sacramentelles. Je l'interromps :

« Et le *Gambetta* ?

— Rien.

— Qu'en penses-tu ?

— Rien.

— Crois-tu que... ?

Je n'ose achever. Il n'ose répondre, et disparaît dans les ténèbres.

Je braque mes yeux sur cette mer cauteleuse qui ne livre jamais son secret. L'angoisse aux doigts de fer étreint mon cœur. Il n'y a plus de doute, la mort a passé sur un de nos frères. Chaque heure qui s'écoule prouve l'étendue du désastre, et si nulle nouvelle ne nous en parvient jamais, c'est que huit cents hommes, d'un coup, auront plongé dans l'abîme... Appuyé sur la rambarde, je caresse machinalement l'acier, la toile et le bois que rencontrent ma main ; je sens avec délices frémir le bon croiseur, vivant et mobile. Je comprends combien je l'aime, et il me semble que, pour percer l'ombre, mes yeux prennent l'acuité de ceux d'un père qui scrute le visage de son enfant menacé par la mort.

Un peu plus tard, notre opérateur de télégraphie sans fil m'envoie une liasse de radiogrammes. A doigts convulsifs, l'enseigne de vaisseau traducteur feuillette les codes et les dictionnaires, pour transformer les chiffres en langage de France. De minute en minute je vais sur son épaule lire la ligne, la demi-ligne,

le mot transcrit. Dieu! Comme il faut longtemps pour épeler l'épouvante!

Cela s'est passé hier au soir, pendant ce
quart fatal que je trouvais si beau. La lune
était toute ronde, la mer diaphane, et je n'y
voyais rien. Les officiers de quart du *Gambetta*
s'épuisaient, comme moi, dans une inutile
veille, et, à la fin de leurs parcours alternatifs,
ils voyaient l'éclat du phare de Santa-Maria di
Leuca. Dans le lointain, passaient les ombres
que j'aurais aperçues si le *Waldeck-Rousseau*
avait croisé dans le secteur qu'on lui destinait.
Ces ombres étaient celles des navires qui lon-
geaient la côte italienne.

Mais une autre ombre, enveloppée d'eau,
était à l'affût depuis plusieurs jours. Elle savait
que nous remontions au canal d'Otrante; ren-
seignée par des complices, elle attendait, sans
se mouvoir, l'occasion de frapper à coup sûr.
Pendant trois nuits, pendant quatre nuits, les
croiseurs majestueux passèrent trop loin de
cette ombre sous-marine, de la pieuvre aux
tentacules mortelles. La lune, approchant de
sa gloire, devenait de plus en plus lumineuse.

Pendant ces heures magnifiques où je m'étais
presque dévétu pour sentir de plus près les

caresses de la nuit, le sous-marin vit approcher un navire paresseux, aux quatre cheminées, aux formes élégantes. Il se prépara, comme la veille et l'avant-veille et la nuit antérieure, et souhaita que le parcours présent lui permît de lancer la mort.

Quelle plume pourra traduire ce drame conjugué?

Sur le *Gambetta*, des marins et des officiers scrutaient cette mer trop blanche; ils l'avaient vue furieuse, ou chavirée par la houle, ou cardée par le vent, ou plus calme qu'une paupière endormie. C'était le neuvième mois! Des lutins électriques éblouissaient leurs prunelles, et ils se mouvaient — comme les veilleurs du *Waldeck-Rousseau* — dans un chaos de lumières et d'aveuglements. C'était la deux centième nuit! Ils étaient las. A force d'attendre, ils n'attendaient plus rien. Leurs yeux ne rencontraient que duperies.

Dans le sein des ondes, le sous-marin guettait. Il savait qu'une heure ou l'autre la proie merveilleuse passerait au bout de sa torpille. Par la lentille du périscope, son commandant voyait le rond lumineux où dansait la lune, la surface des eaux miroitantes, et les spectres qui se meuvent dans une nuit navale. Il entendait sur sa carène immergée le frottement des flots nocturnes. Tous ses matelots, à leur poste, surveillaient le geste de sa main et le son de sa voix.

Soudain, le cœur de cet homme battit à se rompre. Dieux de la mort, vous parliez à son oreille! Il venait de voir, dans le tunnel du périscope, deux mâts et quatre cheminées. Cela montait au milieu des éclairs et cela ressemblait à un fantôme. Immobile et crispé, l'homme se demanda si la vision s'approcherait, ou bien s'évanouirait comme aux nuits précédentes. Elle se rapprocha. Elle allait, vagabonde, prédestinée, sans savoir qu'un démon méditait sa mort. Les lèvres closes, les mains moites, l'homme que je ne connais pas prépara des paroles. Vingt-cinq êtres le surveillaient comme un ange destructeur.

A la seconde qu'il fallait, il dit : « Feu! »

La torpille partit, telle un souffle dans l'eau, et muette. Pendant quelques secondes, quelques secondes infinies, elle courut dans l'onde qui n'a pas d'écho. Deux éclairs, trois éclairs, mirent peut-être dans l'espace leur éblouissement; les veilleurs du *Gambetta* couvrirent de leurs mains leurs yeux. Ils ne se doutaient pas que cet instant, qui succédait à tant d'instants, contenait leur dernier souffle.

Alors, quelque chose de sourd, un bruit derrière soi, fit trembler le croiseur. Il fut pris d'une fièvre soudaine, et chacune des tôles produisit un son. La mort s'éparpillait dans ses membres et ses muscles. Par une brèche en plein cœur, l'eau nocturne se lança, bondit, et brisa tout. Que se passa-t-il?

Je ne le sais point. Je ne le sais pas encore. Mais quelques radiogrammes me permettent de concevoir cette agonie.

Chargé d'eau du côté de sa blessure, le *Gambetta* se pencha vers l'ossuaire maritime, et les marins qui n'étaient pas morts sur le coup lancèrent leurs bras afin de s'accrocher. Tout glissait autour d'eux. Ils se penchaient pour rester debout et leurs mains leur servaient de regards, car les ténèbres envahissaient le croiseur. Nus et silencieux, ils bondirent vers le pont, mais les échelles naguère obliques étaient dressées comme des murs, et combien de ces malheureux, dans leur sommeil soudain coupé, périrent en ne comprenant pas que leur bateau se couchait pour la dernière fois?

Sur le pont, mêlée obscure! De seconde en

seconde, le croiseur pivote. Le gouffre des ondes s'élargit et chaque moment peut être celui de la culbute suprême. A force de bras, les matelots poussent les canots, la chaloupe, qui s'écroulent dans l'eau à l'envers ou à l'endroit. Les officiers, calmes et sortis enfin de leur lassitude, donnent les ordres sauveurs. Sur le ciel, les deux mâts et les quatre cheminées s'inclinent, s'inclinent toujours; privé de la voix, le croiseur n'a pas pu lancer le signal d'appel, et tous ceux qui l'habitent plongent vers l'abîme comme sur un escalier muet.

Une pincée d'hommes a pu remplir les canots. Transis, désireux de vivre, ils ont pris les avirons, et pendant les heures finales de la nuit, ont ramé vers le phare amical. Aux premières lueurs du jour, leurs mains ensanglantées, leur volonté miraculeuse, ont tenté le suprême effort, et les douaniers italiens ont recueilli soixante hommes, qui sauvés de la mort avaient presque épuisé leur vie.

De Tarente à Rome, de Rome à Paris, de Paris à Malte, et de Malte jusqu'au *Waldeck-Rousseau*, le sommaire du drame s'est égaré pendant vingt-quatre heures... Le bon voisin, que nous aimions revoir aux rencontres de haute mer, a reçu cette mort qui pouvait être la nôtre. Il a disparu sans mot dire, terrassé du premier coup, sur un tournant des chemins de l'onde, comme il sied aux pèlerins de la mer. La blessure fut sourde et muette, car au delà de l'horizon je n'ai rien vu ni entendu. L'un des éclairs follets qui jouaient dans l'espace était peut-être la lueur de la torpille qui l'a tué, mais les maléfices de l'espace m'auront déçu.

Sans plainte ni bénédiction, ils ont aligné leurs corps dans la nécropole maritime. De l'amiral aux aspirants, tous les officiers se sont ensevelis dans la mer maternelle et maudite. L'âme surhumaine de ces officiers a tenté l'impossible. Ils ont voulu sauver le croiseur, et le croiseur s'est dérobé. Ils ont voulu sauver les hommes, et ce n'est point leur faute si près de huit cents marins ont péri.

Et puis, selon la loi maritime qui ordonne aux officiers de tenir aussi longtemps que le dernier matelot n'est point sauf, ils se sont enfoncés avec leur navire... Des ignorants les critiqueront : ils auront tort. Que chacun des

Français, civil ou militaire, exécute jusqu'à la mort la tâche qu'exige la patrie, et la patrie, d'un coup d'épaule, chassera les Allemands.

Officiers du *Gambetta*, vous avez votre place au paradis de la Revanche.

FIN

Nota. — Une mésaventure de mer a causé la perte du passage relatif aux opérations des Dardanelles (mars-avril 1915). Si les circonstances le permettent, il sera compris dans la deuxième partie des *Vagabonds de la gloire*.

R. M.

TABLE DES MATIÈRES

PARIS

TYPOGRAPHIE PLON-NOURRIT ET Cie

Rue Garancière, 8

HENRY BORDEAUX

La Maison.
Roman. 92ᵉ édit. . 3 fr. 50

La Neige sur les pas.
Roman. 80ᵉ édit. . 3 fr. 50

La Robe de laine.
Roman. 91ᵉ édit. . 3 fr. 50

La Croisée des chemins.
Roman. 58ᵉ édit. . 3 fr. 50

Les Roquevillard.
Roman. 31ᵉ édit. . 3 fr. 50

La Petite Mademoiselle.
Roman Édit. définit. 3 fr. 50

L'Amour en fuite.
Roman. Édit. définit. 3 fr. 50

Les Yeux qui s'ouvrent (A).
Roman. 117ᵉ édit . 3 fr. 50

Carnet d'un stagiaire.
Nouvelles. 19ᵉ édit. 3 fr. 50

L'Écran brisé.
Nouvelles. 17ᵉ édit. 3 fr. 50

L'Écran brisé. Pièce. 1 fr. »

Portraits de femmes et d'enfants. 9ᵉ édit. 3 fr. 50

Paysages romanesques.
7ᵉ édit. . . . . . 3 fr. 50

La Vie au théâtre.
1907-1909 . . . . 3 fr. 50
1910-1911 . . . . 3 fr. 50
1911-1912 . . . . 3 fr. 50

PAUL ET VICTOR MARGUERITTE

UNE ÉPOQUE :

Le Désastre. 116ᵉ édit.
Les Tronçons du glaive. 88ᵉ édit.

Les Braves Gens. 79ᵉ édit.
La Commune. 66ᵉ édit.

ROMANS :

Poum. 37ᵉ édit.
Zette. 33ᵉ édit.

Femmes nouvelles. 26ᵉ édit.
Les Deux Vies. 55ᵉ édit.

Chaque volume. . . . . . . 3 fr. 50

PAUL MARGUERITTE

L'Essor. 22ᵉ édit.
La Force des choses. 25ᵉ édit.
Amants. 21ᵉ édit.
La Maison brûle. 16ᵉ édit.
Les Sources vives. 14ᵉ édit.

Ma Grande. 37ᵉ édit.
La Tourmente. 22ᵉ édit.
Les Fabrecé. 17ᵉ édit.
La Faiblesse humaine. 16ᵉ édit.
Nous, les mères... 18ᵉ édit.

Romans. Chaque volume . . . . 3 fr. 50

J.-H. ROSNY

La Force mystérieuse. 8ᵉ édit.

L'Impérieuse Bonté. 7ᵉ édit.
L'Indomptée. 7ᵉ édit.
La Vague rouge. 12ᵉ édit.
La Mort de la terre. 6ᵉ édit.

Les Rafales. 10ᵉ édit.
Vamireh. 8ᵉ édit.
Sous le Fardeau. 8ᵉ édit.
Marthe Baraquin. 8ᵉ édit.

Romans. Chaque volume. . . . . . . 3 fr. 50

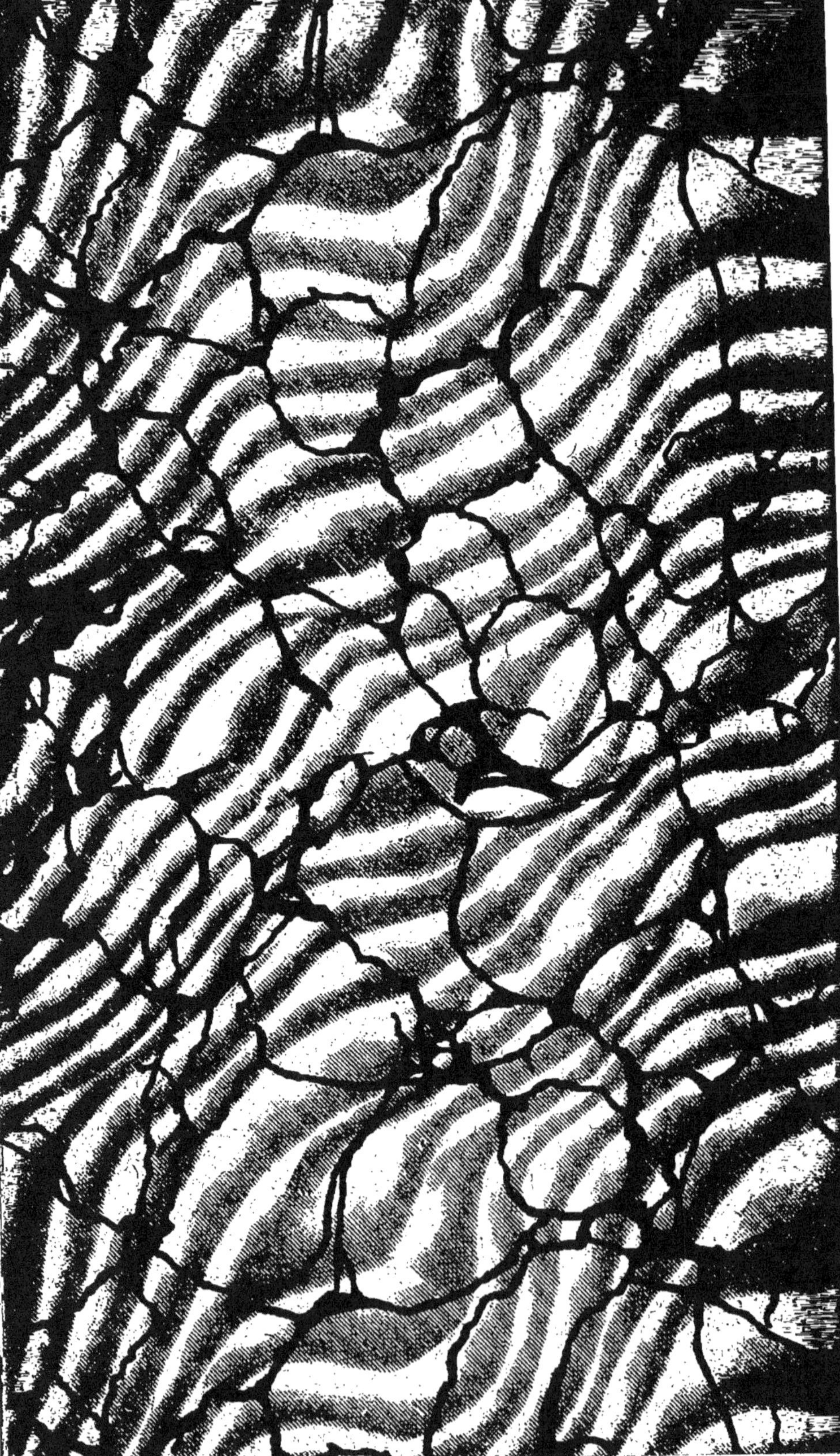

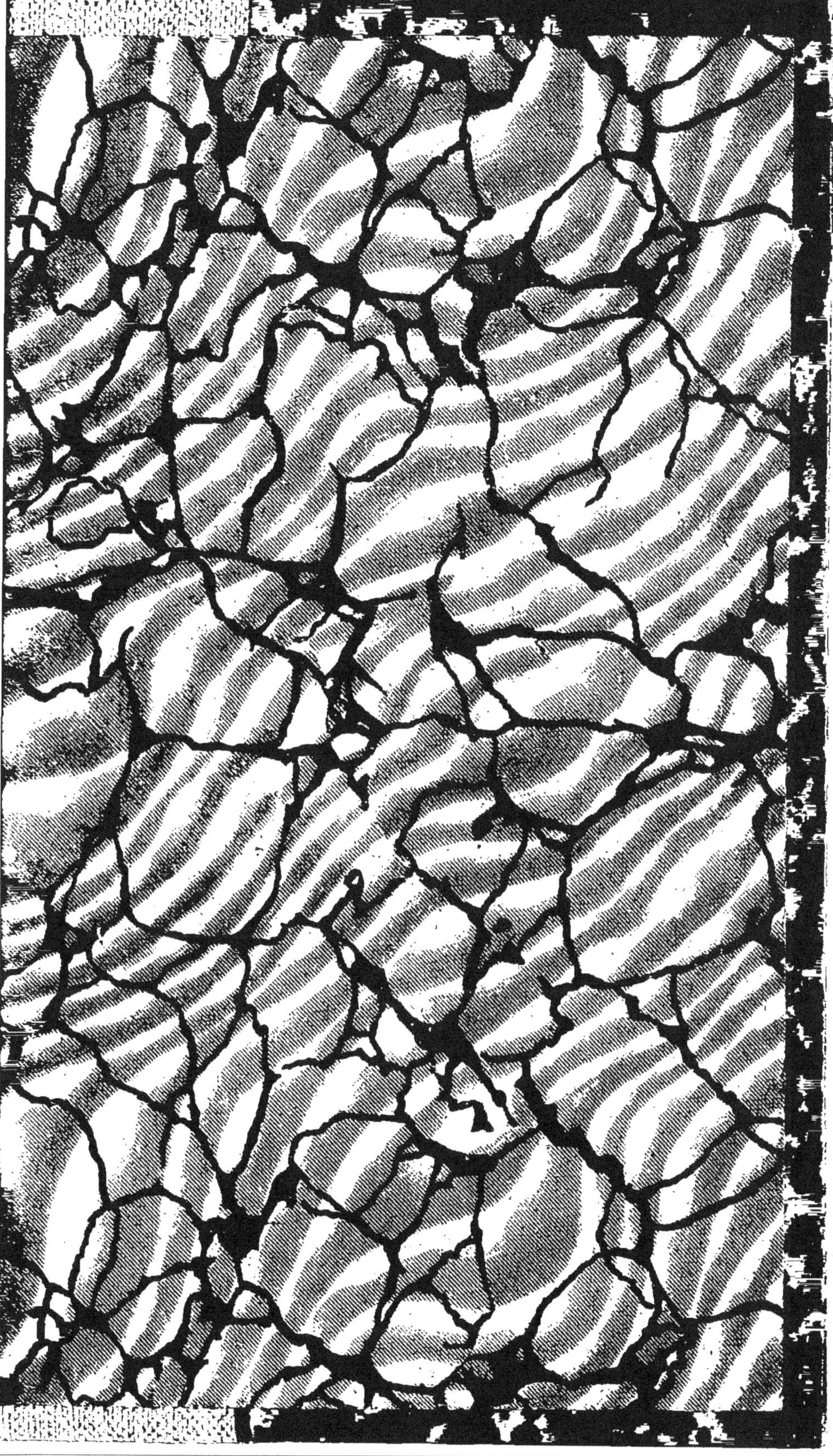